GUSTAVE FAUTRAS

SOUVENIRS ET IMPRESSIONS DE 1870-1871

Le 8ᵉ Bataillon de la Garde Mobile de Seine-et-Oise Pendant le Siège de Paris

PARIS
LIBRAIRIE HACHETTE ET Cⁱᵉ
79, BOULEVARD SAINT-GERMAIN, 79

LE 3ᵉ BATAILLON DE LA GARDE MOBILE

DE SEINE-ET-OISE

PENDANT LE SIÈGE DE PARIS

*Communiqué par M. F. Chéron,
sergent à la 6e du 1er du 60e.*

QUI VIVE?... MOBILE... 1870!

GUSTAVE FAUTRAS

SOUVENIRS ET IMPRESSIONS

DE 1870-1871

Le 3ᵉ Bataillon de la Garde Mobile
de Seine-et-Oise
Pendant le Siège de Paris

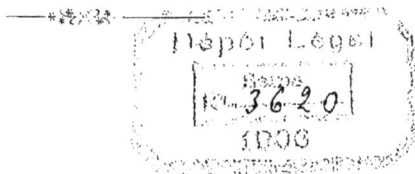

PARIS

LIBRAIRIE HACHETTE ET Cⁱᵉ

79, BOULEVARD SAINT-GERMAIN, 79

1906

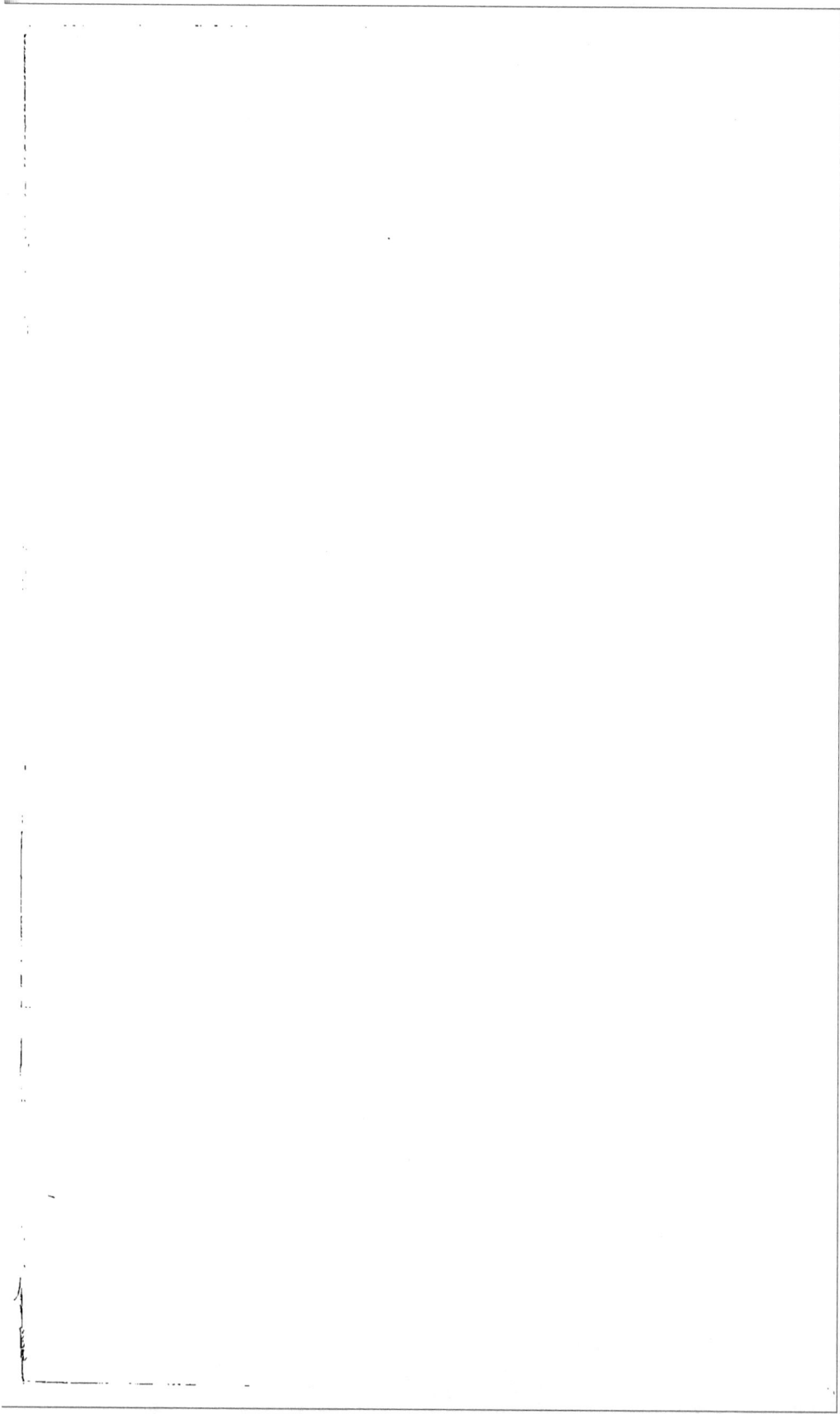

AUX MOBILES

ET AUX COMBATTANTS

DE L'ANNÉE TRAGIQUE

G. F.

AVANT-PROPOS

Ce livre est fait de récits vécus, d'impressions et de souvenirs
vivaces. Si j'ai tenu la plume pour l'écrire, il m'a été dicté, en
quelque sorte, par les anciens officiers, sous-officiers et gardes
mobiles du 3ᵉ bataillon de Seine-et-Oise, qui fut appelé à jouer un
rôle des plus actifs pendant le siège de Paris. Comme tous les
combattants de 1870, ceux-là se sont remémorés les heures
douloureuses de cette époque avec une précision de détails dont
la longueur du temps n'a pu troubler la netteté. Les notes qu'ils
m'ont fournies, les épisodes qu'ils m'ont racontés, les situations
qu'ils m'ont dépeintes, m'ont permis, jour par jour, de les suivre
et de les voir à l'œuvre, d'assister à toutes leurs évolutions, de
me trouver à leurs côtés dans les tranchées de Montrouge, de
bivouaquer avec eux dans la plaine de Drancy, d'errer à leur
suite, dans la nuit noire, après la bataille de Buzenval.

Avec les réminiscences des chefs et des hommes, contrôlées et
complétées les unes par les autres, avec l'intérêt d'attestations
personnelles dont l'authenticité résulte de la coordination rigoureuse entre des faits particuliers et l'action générale, ma tâche
d'historiographe est devenue facile, et j'ai éprouvé, en l'accom-
plissant, un sentiment de profonde admiration pour les jeunes
soldats de l'Année tragique.

Il n'a pas été toujours rendu justice, dans les relations de la guerre franco-allemande, à notre armée de seconde ligne, que les événements précipitèrent à travers la mêlée sans préparation suffisante. La garde mobile n'avait certes pas la valeur militaire ni surtout la cohésion solide des troupes régulièrement constituées, assouplies à la discipline régimentaire, habituées à la vie des camps, entraînées de longue date par des exercices et des manœuvres de tous genres, aguerries même dans leurs éléments anciens par les expéditions répétées du second Empire.

Mais, comme on le verra par l'exemple du 3ᵉ bataillon de Seine-et-Oise, elle était composée de jeunes gens qui avaient au cœur l'amour ardent de la Patrie, qui firent preuve en mainte circonstance de courage et de bravoure, qui supportèrent stoïquement les misères les plus dures et les souffrances les plus cruelles; et qui, en un mot, conscients de l'honneur du drapeau, servirent le pays avec l'esprit de dévouement, d'abnégation et de sacrifice, que la France, en proie aux revers et aux calamités, réclamait plus que jamais de tous ses enfants.

Aux soldats de la mobile, hâtivement improvisés, il était juste d'apporter ce témoignage que leur devoir alors fut vaillamment rempli....

* *

Une autre raison m'a fait publier ce livre.

Le 13 mars 1889, mourait à Paris le vice-amiral Jaurès qui, général de brigade à titre auxiliaire, puis général de division en novembre 1870, avait organisé et commandé le 21ᵉ corps, soutenu la retraite de nos troupes du Mans sur la Mayenne après la bataille du 11 janvier, et livré non sans gloire les combats de Montfort, de Pont-de-Gennes et de Sillé-le-Guillaume, où les Allemands se rendaient compte à leurs dépens, une dernière fois encore, de la vitalité de l'armée de la Loire.

Et ce vaillant marin, dont la statue a été inaugurée à Graulhet, dans le Tarn, le 27 septembre 1903, formulait, au moment d'expirer, ce vœu suprême devant les témoins de son agonie : « *Surtout, que l'on enseigne aux générations nouvelles l'histoire de la guerre de 1870 !* »

Or, il ne semble pas que cette adjuration pressante d'un mourant, qui, comme stratège intelligent autant que comme patriote désintéressé, justifiait des plus éclatants services et de la voix la plus autorisée, ait été entendue.

Sans doute, on ne saurait taire aux générations naissantes les événements de 1870 ; ils font partie intégrante de notre histoire nationale, ils en constituent une des pages les plus sombres, et forcément tous les jeunes Français en perçoivent l'écho, de si loin qu'il leur vienne !

Sans doute encore, des écrivains distingués se sont ingéniés dans leurs œuvres à ce que, sous une forme simple et saisissante à la fois, le récit de la guerre circule de la ville au hameau et ne soit ignoré ni de l'ouvrier ni du paysan de France.

Et je sais aussi que, parfois, dans quelque village, un conférencier populaire noblement inspiré fait vibrer pendant une heure le cœur de ses auditeurs, en leur parlant des drames de l'invasion et des malheurs immérités de la Patrie.

Mais ce ne sont là que des efforts isolés et, malgré les intentions individuelles les plus louables, l'oubli nous envahit, de jour en jour plus enlizant et plus profond. Oui, ce passé, qui date d'hier, est maintenant enveloppé d'ombre et n'apparaît aux adolescents que dans un horizon brumeux. Il est même à peu près inconnu de ceux qui, hantés de chimères et d'illusions humanitaires, épris du rêve séduisant de l'universelle fraternité des peuples, affectent de professer, — par snobisme, je veux le croire, plutôt que par conviction sincère, — des opinions cosmopolites, et se complaisent, à l'égard de leur propre pays, dans le plus déplorable scepticisme, dans le dédain de leurs concitoyens qui ont souffert et lutté pour la Patrie, dans l'insouciance des efforts et des sacrifices que l'avenir peut exiger de nous.

Je dis qu'il convient de réagir, — car l'oubli, dans l'histoire des nations, c'est l'affaiblissement des caractères, c'est la décadence et la mort. Dans l'oubli, selon le mot des Allemands eux-mêmes, se flétrit tout l'éclat de la terre, toute la splendeur du monde.

Et, pour nous, tant que légitime réparation n'aura pas été accordée au Droit violé par la Force, oublier serait trahir la cause de la grande Famille nationale. Du jour où les souvenirs sanglants de l'Année tragique ne feraient plus battre nos cœurs ni jaillir un éclair de nos yeux, nous pourrions répéter, après les infortunés Polonais : *Finis Galliæ!* — Ce serait la fin de la France.

Loin de moi la pensée de prêcher ici la haine des races, la haine de peuple à peuple, de nation contre nation. Cette haine-là, qui avait sa raison d'être au lendemain de nos désastres et qui a préservé alors de la défaillance nos cœurs et notre énergie, ne va pas longtemps au caractère du Français, à son tempérament généreux et chevaleresque. Mais quand on parle de la période néfaste de 1870, il est deux choses essentiellement différentes qu'il importe de distinguer : la guerre elle-même, puis la manière dont elle fut conduite par nos ennemis.

Le vainqueur, certes, a été impitoyable, et jamais l'histoire des peuples vaincus n'avait, au cours des siècles, enregistré des conditions de paix aussi monstrueuses que celles qui nous furent imposées. Ce n'étaient là pourtant, il faut le dire, que les conséquences, terribles pour nous, d'une lutte follement engagée ; et la Nation, s'il lui restait le droit de protester contre l'abus de la force, ne pouvait que se taire devant les humiliations de la défaite.

Mais si, en dehors de nos pertes matérielles et de l'atteinte douloureuse portée à l'intégrité de notre territoire, on examine comment se fit cette guerre ; si l'on évoque le spectacle des blessés achevés dans la neige, des femmes, des vieillards et des enfants massacrés au bord des chemins, des chaumières pillées et incendiées sans motif, des injures et des coups prodigués à des prisonniers désarmés et impuissants, c'est ici que le souvenir constitue pour nous un devoir impératif, et que, par aversion du vandalisme et de la barbarie, il doit se conserver vivace dans tous les cœurs français.

Le souvenir, comme l'idée, est une force, et, mieux que tout autre, le souvenir de la Patrie rançonnée, mutilée, démembrée, est un agent puissant d'énergie morale, qui peut garantir des effrois pusillanimes, susciter les ardeurs enthousiastes, donner conscience au peuple de sa propre valeur, de son intangible dignité, et le rendre jaloux du respect qu'on lui doit.

Sans le culte du souvenir, aucune éducation ne saurait être nationale. Et pour perpétuer, à travers les âges, la mémoire de ce qui s'est passé sur la terre de France aux jours de l'invasion, il serait à désirer que la circulaire vengeresse adressée de Tours, le 29 novembre 1870, à nos agents diplomatiques, par M. de Chaudordy, délégué au ministère des Affaires étrangères, fût placardée sur les murs des écoles et des casernes, — car rien ne pourrait faire connaître mieux aux générations successives la violation systématique par les Allemands de cette chose sacrée qui s'appelle le *droit des gens*.

Et qu'on ne voie pas dans mes paroles le reflet d'un chauvinisme étroit, qui n'existe nullement. Notre patriotisme n'est point exclusif et n'a pas le caractère enflammé de celui que prêchait Fichte à nos voisins, après 1806. Nous ne sommes pas belliqueux; nos intentions sont pacifiques et n'ont rien d'agressif contre les autres nations. Nous n'aspirons à la gloire que par l'essor du progrès français, par la valeur intrinsèque de nos œuvres, par les conquêtes fécondes de notre génie dans le domaine des sciences, des lettres et des arts.

Mais l'horreur que nous inspire la guerre ne naît pas chez nous de la crainte secrète du péril et ne cache pas l'arrière-pensée de nous soustraire au plus sacré des devoirs, de reculer devant notre tâche, de tout sacrifier à notre tranquillité. Ceux qui dorment sous les sillons ensanglantés de 1870 sont là pour nous rappeler qu'il est sage assurément de maintenir la paix, à la condition toutefois que notre fierté n'en soit pas diminuée, que notre dignité n'ait pas à en souffrir, et que le sentiment de notre force n'en subisse aucune atteinte.

L'amour de la paix, de l'entente fraternelle des peuples, ne peut se comprendre sans la sauvegarde intacte de l'honneur. — Et l'on ne saurait trop répéter qu'au jour d'une conflagration dans laquelle nous nous trouverions malheureusement engagés, nos ennemis nous jugeraient, non d'après la couleur de nos rêves humanitaires ou la magnanimité de nos idées intersociales, mais bien d'après l'énergie de nos muscles, la valeur de nos troupes et la puissance de nos canons.

Il ne faut, pour s'en convaincre, que dessiller ses yeux et tendre l'oreille aux bruits qui nous viennent d'outre-Rhin. Tandis, en effet, que les pacifistes s'acharnent, dans leur aveugle sentimentalisme, à répandre d'un bout de la France à l'autre les sophismes décevants de la disparition des frontières et de l'étreinte cordiale des nations, Guillaume II, à Dresde, devant le monument élevé en l'honneur du maréchal qui fut pour les Allemands l'organisateur de la victoire, pousse un « hourra pour la poudre sèche et l'épée aiguisée », — se souvenant à propos qu'au lendemain de Sedan son aïeul avait lui-même félicité de Roon « d'avoir aiguisé cette épée », de Moltke « de l'avoir conduite », et de Bismarck « d'avoir amené la Prusse à l'apogée de sa gloire »....

***

Cet historique d'un bataillon de mobiles d'allure vaillante et d'âme patriotique a pour seule prétention, comme les autres livres que j'ai écrits déjà, d'apporter une nouvelle et modeste pierre à l'édifice du souvenir. Autour de Paris, le sol garde l'empreinte indélébile du talon prussien : toute ville, toute bourgade, toute maison a son histoire lugubre des heures de l'invasion. Il suffit de remuer chaque motte de terre, d'explorer le moindre bosquet, de sonder la plus petite rivière, de scruter la plus humble demeure, pour que des faits encore inconnus, des détails ignorés jusqu'ici, jaillissent à la lumière, et que, du fond des tombes, des spectres surgissent et nous adjurent de n'oublier jamais, d'entretenir en nos cœurs la flamme sainte qui rend les peuples forts, de rester dignes enfin de cette fierté de nos pères qui ne craignaient rien, — sinon que le ciel ne tombât sur leurs têtes !

GUSTAVE FAUTRAS.

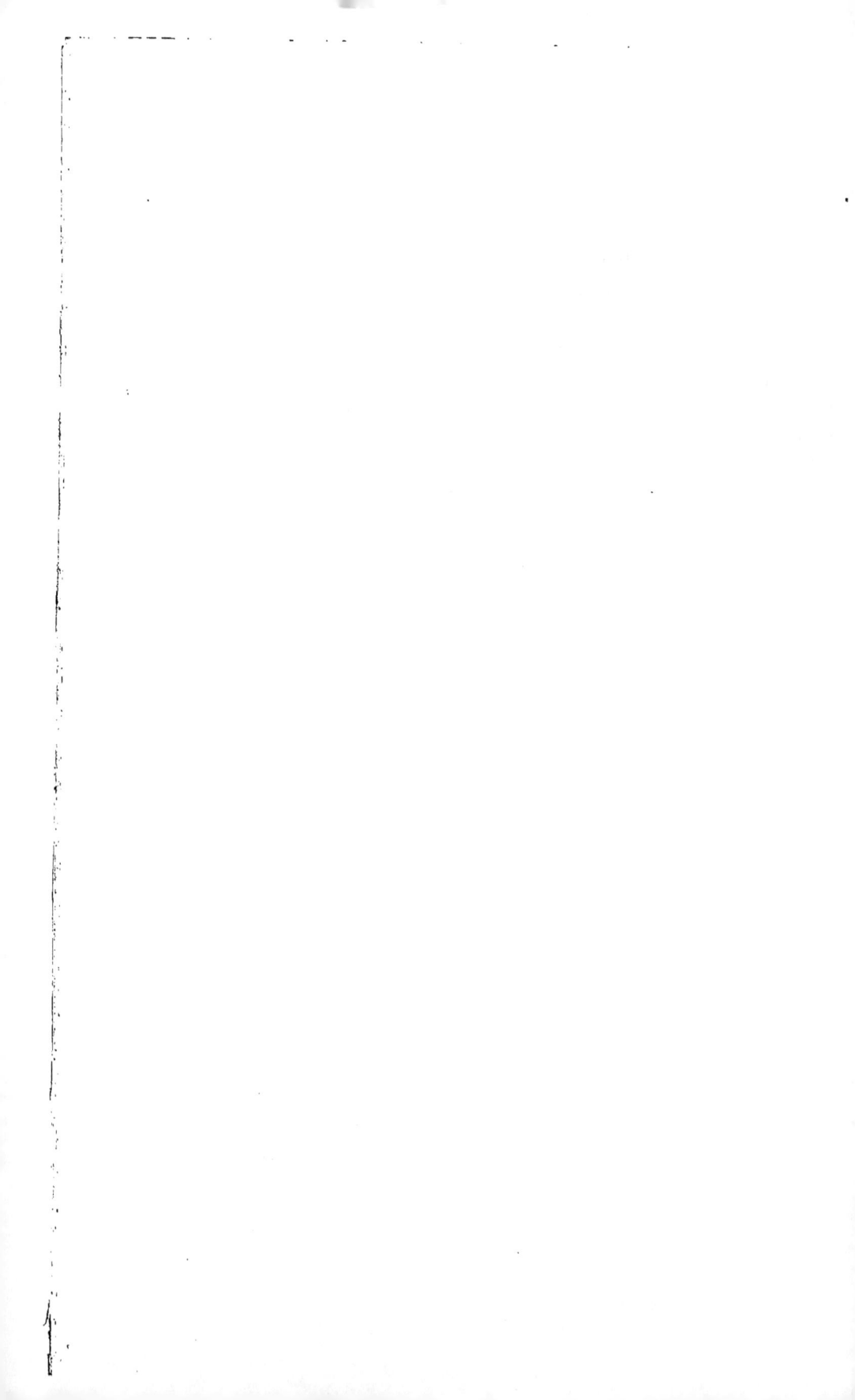

LE

5ᵉ BATAILLON DE LA GARDE MOBILE

DE SEINE-ET-OISE

PENDANT LE SIÈGE DE PARIS

I

Formation du Bataillon.

La Garde nationale mobile. on le sait, avait été créée par la loi du
1ᵉʳ février 1868 pour servir d'auxiliaire à l'armée active. Composée
des jeunes gens que leur numéro de tirage au sort plaçait en dehors
du contingent, de certains exemptés et des remplacés, elle admettait
des engagements volontaires et même des réengagements. Les gardes
nationaux, pendant une durée de service de cinq ans, étaient soumis
à des exercices et à des réunions temporaires. Les hommes qui justi-
fiaient d'une connaissance suffisante du maniement des armes, de
l'école de soldat, des principes et de la pratique du tir, étaient dis-
pensés de la présence aux exercices, mais devaient assister toutefois
aux réunions par compagnie et par bataillon.

Sous les ordres de l'autorité militaire. la Garde nationale pouvait
être appelée à l'activité, et elle le fut effectivement pendant la guerre
de 1870.

Lorsque le maréchal Niel, alors Ministre de la guerre, s'occupa
d'organiser ce corps, il fut décidé que le département de Seine-et-
Oise aurait à fournir six bataillons d'infanterie à huit compagnies et
trois batteries d'artillerie.

Les trois premiers bataillons, qui, par la suite, formèrent le 60ᵉ régiment provisoire de mobiles, étaient fournis par les circonscriptions territoriales ci-après désignées :

1ᵉʳ *bataillon*. — Arrondissement d'Étampes et cantons d'Arpajon et de Corbeil, de ce dernier arrondissement.

2ᵉ *bataillon*. — Arrondissement de Mantes et canton de Marines, de l'arrondissement de Pontoise, dont le demi-canton Est formait la 7ᵉ compagnie et le demi-canton Ouest la 8ᵉ.

3ᵉ *bataillon*. — Arrondissement de Pontoise, moins le canton de Marines.

Les chefs-lieux de recrutement des différentes compagnies du 3ᵉ bataillon, qui nous occupe ici, étaient les suivants :

> 1ʳᵉ compagnie. — Écouen.
> 2ᵉ compagnie. — Gonesse.
> 3ᵉ compagnie. — L'Isle-Adam.
> 4ᵉ compagnie. — Luzarches.
> 5ᵉ compagnie. — Franconville.
> 6ᵉ compagnie. — Montmorency.
> 7ᵉ et 8ᵉ compagnies. — Pontoise.

En 1869, M. de Léautaud, ancien officier de cavalerie et ancien sous-préfet de l'arrondissement de Pontoise, avait été nommé, par décret, chef de ce bataillon.

Peu de temps après étaient également désignés les capitaines des compagnies, au nombre desquels se trouvaient MM. Tordeux, le baron Burthe d'Annelet, Sueur, du canton de Montmorency, Brincard, du canton d'Écouen, d'Uzer, etc.

Mais l'organisation en était restée là jusqu'au 15 juillet, date de la déclaration de guerre. Ce n'est qu'après notification à Berlin, le 19, de la décision du Corps législatif que tous les commandants des bataillons de la Garde mobile de Seine-et-Oise furent appelés à Versailles pour compléter leurs cadres.

Les lieutenants et sous-lieutenants furent alors nommés, et on procéda ensuite à la désignation des sergents-majors, des fourriers, et d'une partie seulement des sergents et caporaux de chaque compagnie. On avait cru bon, en effet, de réserver un certain nombre de ces emplois afin d'en pourvoir, après l'incorporation de la troupe, les mobiles les plus méritants.

Dès le 8 août, les officiers et sous-officiers commencèrent à Versailles leur éducation militaire, sous la direction des capitaines Sueur et d'Uzer et sous la surveillance du commandant de Léautaud. Mais celui-ci, pour raisons de santé, dut abandonner le service dès le 15 et laisser le commandement provisoire au plus ancien capitaine, M. Sueur. Autorisé par le général commandant la subdivision à rester jusqu'à nouvel ordre à Paris, M. de Léautaud ne put d'ailleurs reprendre ses fonctions et fut obligé de démissionner.

Le commandant Blot le remplaça et fut présenté aux officiers le 23 : capitaine en retraite, soldat de Crimée blessé à Inkermann, c'était un homme plein de bravoure, de droiture et d'esprit d'équité.

RINCHEVAL
Lieutenant-Colonel.

qui, plus tard, malgré sa sévérité militaire et sa rudesse même, devait gagner l'affection de tous ses officiers et la vénération de tous ses soldats [1].

Installés d'abord au quartier de l'artillerie à cheval de la garde, les sous-officiers doivent bientôt, le 16 août, céder la place à des gendarmes qui vont être formés en régiment, et prendre possession de la petite caserne de la rue d'Anjou. Ils passent leurs journées en exercices qui ont lieu dans les cours des casernes ou dans les larges avenues de Versailles. Leur instruction théorique et pratique est activement poussée et se continue sans relâche. Le matin, on manie le fusil à tabatière ; l'après-midi, on change d'étude, on fait des marches, des conversions, des évolutions peu compliquées, et on remplace parfois l'exercice par une théorie récitative sur l'école de soldat ou sur le service intérieur.

L'arme sur l'épaule, on va manœuvrer aussi au plateau de Satory, en compagnie des officiers, qui font maintenant le service de semaine dans toute sa rigueur, et qui s'acquittent de leurs devoirs avec tant de ponctualité et d'entrain que le commandant tient à leur en exprimer sa satisfaction. Disons d'ailleurs que leur tenue est irrépro-

1. Le commandant Blot est décédé à Asnières-sur-Seine, où il avait fait élection de domicile, le 8 janvier 1895.

2

chable et que, sans prétendre à une allure martiale, les jeunes portent l'uniforme avec aisance, sans gaucherie ni raideur.

Le 23 et le 24 août arrivent à Versailles, des départements envahis, un certain nombre de mobiles qui n'ont pu rejoindre leur régiment et qui sont incorporés au 5ᵉ bataillon. Les uns viennent de la Meurthe, de la Moselle, de la Meuse, les autres du Bas-Rhin, du Haut-Rhin, des Vosges et de la Haute-Marne. Parmi eux se trouve un engagé volontaire, Marchal, qui a plus de soixante ans et qui est nommé par la suite caporal à la 8ᵉ compagnie.

Le 25, il est décidé que, pour les appels, les rassemblements, les exercices, on se servira du clairon, de préférence au tambour.

Le même jour, les sergents et caporaux, vêtus jusqu'ici de leurs habits civils, reçoivent enfin un képi, comme les mobiles de la Seine, et des vareuses de troupe, sans que toutefois, à leur grand désappointement, on leur remette les galons distinctifs de leur grade, qu'ils sont obligés d'acheter eux-mêmes chez des fripiers.

Trois jours après, le stage d'instruction étant terminé, ils partaient pour Pontoise, accompagnés des mobiles de l'Est dont leurs rangs avaient été grossis, et de quelques autres gardes qui volontairement étaient venus s'enrôler à Versailles. Le départ eut lieu à midi, à la gare de la Rive droite, sous la conduite de deux officiers; les autres avaient rendez-vous au chef-lieu d'arrondissement le lendemain matin, jour de la convocation du bataillon.

Le 29 août, par un temps splendide, tous les hommes appelés pour l'incorporation se trouvent réunis à Pontoise, sur la place de l'Hôtel-de-Ville. Ils doivent loger chez l'habitant, et le va-et-vient causé par l'installation de chacun jette dans la vieille cité, si paisible d'habitude, une animation extraordinaire.

Tant bien que mal on forme les rangs, et on commence immédiatement à organiser les compagnies, à constituer les sections, demi-sections et escouades. L'appel ne se fait point sans difficulté; on est gai, on est bruyant, et c'est au milieu du vacarme des conversations, des exclamations, des rires et des chants, que les officiers finissent par constater la présence des douze cents mobiles inscrits sur leurs contrôles.

Dès le lendemain commence l'instruction du bataillon. Les exercices ont lieu de six heures du matin à neuf heures et de midi à quatre heures, d'abord sur la place et aux alentours de la Mairie; ils sont continués ensuite à Saint-Ouen-l'Aumône, sur le chemin de halage ou dans les prés environnants; à l'extrémité du pont, près

LEGRU
Officier payeur.

HÉOMET
Lieutenant de la 1re.

BRINCARD
Capitaine de la 1re compagnie
(faisant fonctions
de capitaine adjudant-major).

de l'hôtel du Grand Cerf, se font plus particulièrement les réunions d'ensemble.

A huit heures, puis à huit heures et demie à partir du 1er septembre, on sonne la retraite : les gardes doivent être rentrés à neuf heures, sous peine d'être emmenés au poste par les patrouilles qui parcourent

GRENTHE
Adjudant (5e).

VOISIN
Sous-Lieutenant de la 1re.

BERNEVAL
Sergent-Major de la 1re.

les différents quartiers de la ville ; les sous-officiers ont la permission de dix heures.

Les premiers jours sont consacrés à l'organisation du bataillon; les exercices alternent avec les distributions d'habillement et d'équipement. Déjà, le 2 septembre, les compagnies sont définitivement constituées ; les cadres sont complétés par la nomination des sergents et des caporaux pour lesquels un certain nombre d'emplois ont été réservés.

L'habillement, confié par le Gouvernement au zèle des préfets, est, en Seine-et-Oise, d'une simplicité primitive et très insuffisant. La tenue consiste en une veste de toile grise, assez large pour ne pas incommoder les mouvements, et garnie à la manche gauche d'une croix en galon rouge, qui donne aux hommes l'apparence des infirmiers du service international des ambulances; pour coiffure, ils ont un képi de mince drap noir, à la visière en carton, qui ne peut guère résister à la pluie.

Quoi qu'il en soit, avec ces vestes et ces képis que complètent des pantalons gris, les mobiles se sentent un peu soldats et leur contenance y gagne déjà en crânerie militaire, accentuée par la coupe à l'ordonnance des chevelures trop abondantes, et bientôt par les deux galons en croix qui, de la manche, passent sur chaque épaule en guise de pattes d'épaulette. Mais la grande difficulté pour eux est de marcher au pas, et pendant quelque temps les souliers ferrés du bataillon font résonner le sol de coups inégaux et de cadences désordonnées.

Les sous-officiers, eux, sont en uniforme réglementaire de la mobile, avec le pantalon bleu, la vareuse à deux rangs de boutons et le képi noir à passepoils rouges.

Les gamelles, bidons et marmites ayant été distribués, la cuisine se fait par escouade, en plein air, sous des hangars ou dans les cours des habitations qui reçoivent des gardes.

Cependant l'exercice continue chaque jour avec activité. Officiers, sergents et caporaux s'efforcent à l'envi d'enseigner aux autres ce qu'à Versailles on leur a tout récemment appris, et, en dépit des inhabiles qui font le désespoir de leurs instructeurs, l'école de soldat progresse d'une manière fort satisfaisante.

Au rapport, le 2 septembre, on demande à chaque compagnie la liste des hommes qui connaissent la musique ; et l'organisation d'une fanfare est confiée au lieutenant de la Brunerie, qui est secondé par le caporal-clairon Degast et qui prend comme chef de cette musique improvisée le garde Poiret.

Le lendemain, les lieutenants Rousselle, Lahure et de la Marnierre, de la 5e et de la 3e compagnie, accompagnés d'un détachement de gardes et de sous-officiers, vont par chemin de fer à Versailles chercher des fusils, et reviennent à pied avec le chargement. Mais les voitures, qui appartiennent à MM. Rousselle et Lahure, n'étant pas suffisantes, il faut, moyennant soixante-dix francs, louer un grand

chariot de déménagement pour le transport de tout l'armement nécessaire.

Aussitôt le retour, la remise en est faite aux hommes. Ce sont des
fusils à tabatière, d'un poids relativement lourd, mais, pour l'instant,
peu importe : avec le fusil on devient tout à fait militaire, on se montre
satisfait, et les officiers constatent, dès la première revue, que la tenue
sous les armes ne manque pas d'une certaine correction.

Dans la soirée du 4, on apprend que la République vient d'être
proclamée à l'Hôtel de Ville de Paris et qu'un gouvernement de la
Défense nationale est constitué. Le fait ne cause ni trouble ni surprise
et ne donne lieu à aucune manifestation. Tous les cœurs sont sous
l'étreinte douloureuse du désastre de Sedan, et, dans la pensée de
chacun, l'Empire avait disparu là dans un gouffre tragique.

Devant le péril de la Patrie, le commandant d'ailleurs redouble d'efforts pour instruire et discipliner le bataillon. Il adjure ses officiers
de donner l'exemple des vertus militaires, et il réprime toute faute
avec sévérité. C'est ainsi que, le 6, il fait lire dans chaque compagnie formée en cercle, aux deux prises d'armes, un ordre rigoureux
qui casse de son grade le sergent-major B... et le punit de quinze jours
de prison, pour acte d'indiscipline et injures envers son chef en face
de la troupe.

Plus activement encore, l'instruction du bataillon se poursuit. Les
hommes sont exercés maintenant aux marches de flanc et de front,
au maniement du fusil, et des cartouches, obtenues de l'artillerie non
sans quelque difficulté, leur sont distribuées le 7 et le 8. On leur remet
aussi des *godillots* : la plupart, pensant avoir des souliers neufs en
arrivant au corps, n'ont emporté que de vieilles chaussures, et elles
ont d'autant plus besoin d'être remplacées que des averses fréquentes
les ont mises dans le plus piteux état.

Le 9, un ordre du général de Longuerue, commandant la subdivision, fait connaître que le commandant Rincheval, du 2e bataillon, —
un ancien soldat de Crimée, blessé à Sébastopol, le 9 juin 1855, — est
nommé lieutenant-colonel du 60e régiment de marche, formé de deux
bataillons de Seine-et-Oise et d'un bataillon de l'Oise, régiment qui
peu de temps après, le 5 novembre, sera composé uniquement des
trois premiers bataillons de Seine-et-Oise.

Ce jour-là, le 5e bataillon, parti de la place du Pont, après l'appel
d'une heure, fait une promenade militaire par Éragny, Neuville, Jouy-
le-Moutier, avec retour par Jouy-la-Fontaine, Vauréal et Cergy. Les

mobiles s'entraînent et marchent comme de vieux troupiers, si bien que le commandant, satisfait de leur bonne tenue, les dispense, à l'arrivée, de l'appel du soir.

Le 10, on tire à la cible dans une carrière du Clos du Roy, à Saint-Ouen-l'Aumône, pour que les hommes se familiarisent avec leurs fusils à tabatière.

Mais, depuis quelques jours, on assiste à un lamentable spectacle. La catastrophe de Sedan a ouvert aux Allemands le chemin de la capitale et aucune armée ne peut les empêcher maintenant d'investir Paris. Aussi, les habitants de la banlieue, effrayés de l'approche de l'ennemi, s'empressent-ils d'abandonner leurs demeures et de s'enfuir vers le nord ou vers l'ouest, avec l'espoir d'y trouver la sécurité dans quelque coin. — Et c'est, à travers Pontoise, un défilé ininterrompu de voitures, de bêtes et de gens, qui s'éloignent par les routes de Dieppe ou de Rouen. Des femmes, des enfants, des familles entières emplissent de lourdes charrettes ou de légères carrioles, pêle-mêle avec les meubles, les matelas, les ustensiles de ménage, les provisions de toutes sortes. Des bestiaux suivent, attachés au véhicule et poussés par des hommes que hante une folle terreur et qui ont perdu tout sang-froid. En vain s'efforce-t-on de les arrêter, de leur faire comprendre que les maux de la guerre ont des limites, que leurs foyers seraient sans doute mieux protégés s'ils ne les quittaient pas : ils ont hâte d'échapper au contact des Prussiens, et les caravanes se succèdent nuit et jour, dans un désordre inexprimable, et s'échelonnent sur les chemins de la Normandie avec la précipitation de l'épouvante....

Le dimanche, 11 septembre, le bataillon reçoit avis que le départ pour Paris est fixé au surlendemain, et, le 12, les dernières dispositions sont prises pour compléter l'organisation ; on distribue de nouvelles cartouches et chacun prépare avec soin son équipement.

Le temps n'a pas été perdu pendant les quinze jours de cantonnement à Pontoise. Tous les mobiles, sous l'impulsion zélée de leurs officiers, ont déployé pour s'instruire le plus vif entrain. Ils vont partir sachant manier le fusil et manœuvrer comme des troupiers longuement exercés ; mais ils ont surtout le cœur ardent et sont animés tous du grand amour de la Patrie.

Le jour même du départ, le commandant est informé, par une lettre officielle, que le sous-préfet, M. Vasserot, appelé à Versailles, a délégué ses pouvoirs à M. Lefèvre-Pontalis, député de l'arrondissement. Celui-ci veut faire preuve d'administrateur dévoué en venant témoigner ses sympathies au bataillon et l'encourager d'une allocution de circonstance. Mais sur la place du Pont, où les hommes sont réunis, on l'accueille avec quelque froideur, pour des raisons d'ordre particulier que nous n'avons pas à apprécier ici. Le commandant Blot, désireux d'éviter tout incident, prie alors le député, qui a cru devoir mettre son écharpe et faire appel à la protection des officiers, de ne point haranguer ses soldats, ajoutant d'ailleurs, avec sa rondeur militaire, « que l'heure n'est plus aux discours et que la parole est à la poudre ».

On s'achemine enfin vers la gare. Et le 3ᵉ bataillon de Seine-et-Oise, entassé dans un train, quitte Pontoise à une heure de l'après-midi, acclamé par les habitants de la ville et des localités voisines, qui, d'un élan patriotique, souhaitent bonne chance aux mobiles et de la main, quand siffle la locomotive, leur envoient un salut cordial.

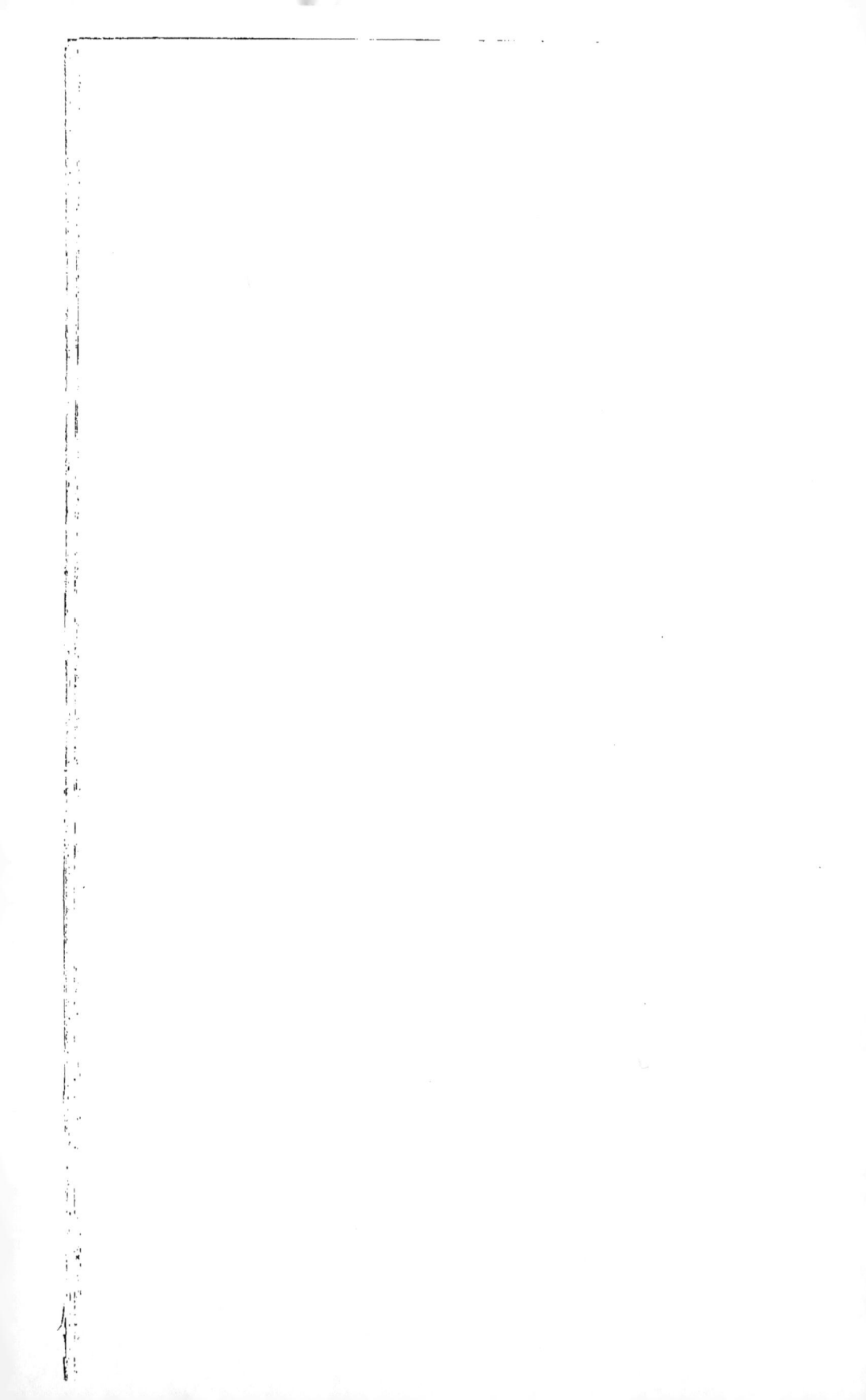

II

A Paris.

Si quelques gardes, en se séparant de leur famille et de leurs amis, ont manifesté des sentiments attristés, leur accès de mélancolie ne dure guère, car le trajet est court de Pontoise à Paris, et le bataillon, en cette journée mémorable du 13 septembre, fait dans la capitale une entrée superbe.

La descente du train est tumultueuse. Mais aussitôt rangées, toutes les compagnies défilent presque triomphalement, musique en tête, par la rue La Fayette et les boulevards, aux acclamations de la foule, qui suit la colonne et encourage les mobiles de ses démonstrations bruyantes.

Paris, du reste, est plein d'animation. Si, hors des fortifications, campent de nombreuses troupes de ligne, dans l'enceinte de la ville, sur les places et les avenues qui ne sont plus arrosées, ce sont partout, au milieu d'une poussière aveuglante, des soldats en marche ou à l'exercice.

Vers six heures du soir, le bataillon s'arrête aux Champs-Élysées, près du Palais de l'Industrie, où l'on distribue des billets de logement, avec ordre de se réunir au même endroit le lendemain matin. Puis les rangs sont rompus, et les compagnies s'éparpillent, chaque homme s'en allant à la recherche du domicile qui lui est assigné.

Le 14, tout le monde est exact au rendez-vous. On est plein de gaieté et d'entrain; on est ravi surtout de l'accueil hospitalier, de la cordialité franche que le Parisien a réservés aux mobiles. – Ce jour-là et les jours suivants sont employés à se pourvoir du nécessaire, car maints objets indispensables font encore défaut.

Puis, malgré toutes les corvées, l'instruction n'est point interrompue; l'école de peloton et celle de tirailleurs marchent concurremment, et on s'initie aux premiers mouvements de l'école de bataillon.

Le bureau d'administration du 5ᵉ bataillon est installé au Café des Ambassadeurs; les sergents-majors travaillent dans les salons, les factionnaires surveillent les provisions de cartouches amoncelées sur la scène du théâtre, et les musiciens s'exercent dans le jardin.

Aussi bien, les Champs-Élysées ont changé partout d'aspect et sont transformés d'un bout à l'autre en un lieu de manœuvres. On n'y voit que militaires de toutes armes et de tout uniforme qui, du matin au soir, font l'exercice presque sans relâche; on n'y rencontre que caissons d'artillerie et pièces de canon qui roulent dans un nuage de poussière, sortant du parc des Tuileries ou revenant au dépôt du concert Musard. Les bosquets ont été mis en coupes réglées, et ceux que la cognée n'a point encore atteints servent d'abris ombreux aux soldats en repos.

Sur la place de la Concorde défilent, à tout instant, des gardes nationaux qui, portant des drapeaux et autres emblèmes patriotiques, poussent en marchant de violentes clameurs et se livrent, devant la statue de Strasbourg, à des démonstrations exubérantes, encouragés par les rafraîchissements fréquents que distribuent les cantinières.

Sur le Palais de l'Industrie flotte le drapeau des ambulances, dont la croix rouge, au milieu de l'agitation fiévreuse du quartier, assombrit les fronts de pensées mélancoliques et projette dans les cœurs un reflet d'anxiété.

Le 18, le bataillon est réuni à onze heures pour aller au Mont-Valérien, où doivent être échangés contre des chassepots les fusils à tabatière. Cette mesure est l'objet d'une approbation unanime : en délaissant, en effet, une arme lourde et peu facile à manier pour le fusil plus élégant et plus léger, à tir rapide et à longue portée, qui excitait leur envie, les gardes vont être soldats dans toute l'acception du mot.

Le spectacle qu'ils ont sous les yeux, en se rendant au fort, serre le cœur et les impressionne vivement. L'avenue de la Grande-Armée offre un aspect désolé; on a bouleversé de fond en comble les fortifications, les arbres sont abattus et les gazons enlevés; des ponts-levis, des casemates, des embrasures apparaissent de tous côtés, des sacs de terre s'alignent symétriquement de distance en distance. Sous la pioche des terrassiers, les maisons qui avoisinent les remparts ont disparu, pour ne pas faire obstacle à la liberté du tir; la plupart des autres sont abandonnées : béantes et vides, sans portes, sans fenêtres,

2e COMPAGNIE (5e)

DE LA MARNIERRE   CABUZET   RUFFIN

Sous-Lieutenant de la 2e,   Capitaine.   Lieutenant.
ensuite Lieutenant de la 6e.

sans meubles, il semble qu'elles viennent d'être livrées au pillage et qu'un souffle destructeur ait passé là.

Le bataillon marche avec ordre, à une allure modérée. Le commandant Blot, désirant un pas plus alerte et plus vif, à un moment donné se porte en tête de la colonne pour enjoindre aux clairons de sonner avec plus de vigueur et de célérité. Mais un écart brusque de son cheval le désarçonne et le fait tomber dans les rangs. Il se relève heureusement sans blessure, et l'incident provoque en sa faveur un mouvement de sympathie qui accélère l'entrain pour la montée du fort.

Le Mont-Valérien est presque inabordable d'ailleurs; d'importants travaux de défense y sont poursuivis activement, et une légion d'ouvriers achèvent les préparatifs d'installation dans la citadelle des formidables pièces de marine qui, de leur voix imposante, troubleront de ce côté les dispositions de l'ennemi.

L'échange des fusils se fait assez rapidement, et, après quelques instants de repos, l'ordre est donné de reformer les rangs et de reprendre la route de Paris. Heureux de posséder des chassepots, les mobiles les portent allégrement et avec une certaine ostentation. Leur démarche cependant se ressent un peu d'une promenade qui devient interminable, et si la colonne ne laisse derrière elle aucun traînard, beaucoup font un effort visible pour surmonter la fatigue qu'ils éprouvent. — Un homme pourtant va manquer à l'appel : pris d'une indisposition subite, il s'est retiré à l'écart sans prévenir ses camarades. Des passants qui le trouvent plus tard, presque évanoui, le conduisent à Versailles comme mobile de Seine-et-Oise. Mais aussitôt guéri, les Allemands le font prisonnier et l'envoient en captivité au delà du Rhin.

A la Place de l'Étoile, on fait halte pour une distribution de cartouches. Mais de là, vers sept heures du soir, au lieu de regagner le Palais de l'Industrie, le bataillon est commandé pour aller à Passy et à Auteuil, où il doit prendre la garde de nuit.

On part aussitôt, sans objets de campement, sans couvertures, sans s'inquiéter même si le chassepot est en état de service; et, l'estomac tiraillé par la faim, — car on n'a rien pris depuis dix heures, — on envahit, dès l'arrivée, tous les petits restaurants et toutes les gargotes que l'on découvre de Passy à Auteuil. Malheureusement, les vivres sont rares : on a peine à se procurer le nécessaire, et il faut se contenter d'un repas des plus sommaires.

Les compagnies sont disséminées ensuite en divers endroits; on campe sous des hangars, ou à la belle étoile, autour de villas et de chalets qui restent clos dans l'ombre. Le froid est piquant et, près des feux allumés, les hommes grelottent ou s'assoupissent par terre d'un sommeil intermittent. L'entrée en campagne est dure pour nos jeunes mobiles; mais ce début pénible ne les décourage pas, et ils s'acquittent de la tâche qui leur incombe avec toute la ponctualité qu'exigent les règlements militaires.

Non loin de là, près du viaduc d'Auteuil, et en contact avec le 5ᵉ bataillon de Seine-et-Oise, campait également un bataillon des mobiles de la Somme, et ce rapprochement donne lieu, dans la soirée, à un accident tragique. Pendant que le sergent Delbart, de la 4ᵉ compagnie, rassemble pour le prêt les hommes de la 7ᵉ et de la 8ᵉ escouade, un des gardes picards, qui avait glissé une cartouche dans le chassepot qu'il venait de recevoir, fait jouer inconsciemment le mécanisme de cette arme. Le coup part, et la balle décrit dans les rangs une trajectoire meurtrière : elle atteint d'abord le cheval de l'officier commandant le bataillon de la Somme, et lui brise une jambe; elle traverse ensuite les deux cuisses du caporal Brou, de la 7ᵉ escouade, blesse grièvement à son tour le mobile Jeanest, et s'aplatit enfin sur le fourreau du sabre du garde Daniel. Les deux hommes blessés, transportés à l'hôpital du Gros-Caillou, reçoivent aussitôt les soins que réclame leur état. Mais à la suite d'une opération douloureuse, le caporal Brou, de Viarmes, mourait quinze jours après et était conduit au cimetière par un détachement de sa compagnie; le garde Jeanest succombait lui-même un peu plus tard.

Un autre incident produit un émoi momentané dans la 7ᵉ compagnie qui, cantonnée aux abords du viaduc, est mise sur pied, vers minuit, par un appel aux armes. L'alerte est provoquée par un garde national sédentaire qui crie de toutes ses forces : « La porte de Grenelle est livrée aux Prussiens par les Bonaparte! » Mais on ne tarde pas à se rendre compte que le malheureux est subitement devenu fou. Désespéré, du reste, de voir que personne ne partage son alarme et ne le veut suivre pour repousser l'ennemi, il se précipite dans la Seine. Et ce n'est pas sans difficulté qu'on parvient à le retirer des eaux jaunâtres du fleuve, le corps sain et sauf, mais l'esprit irrémédiablement atteint.

La nuit paraît longue, et elle est troublée fréquemment par des détonations qui retentissent dans la direction des bois de Clamart.

Le 19, au matin, on est à tout instant sur le qui-vive. Du lieu où il est posté, le bataillon, en effet, peut être appelé à prendre part au combat de Châtillon. Il semble même qu'on ne lui ait fait, la veille, une aussi large distribution de cartouches et qu'on ne l'ait ensuite dirigé vers Auteuil que pour aller sur le terrain. Mais l'action se déroule sans que parvienne l'ordre d'avancer, et l'on retourne bientôt au cantonnement des Champs-Élysées.

On sait, aussi bien, que cette malheureuse affaire, engagée par le général Ducrot pour arrêter les Allemands dans leur marche de Choisy-le-Roi sur Versailles, et conserver les hauteurs importantes de Châtillon, de Meudon et de Montretout, se transforma en une véritable déroute.

Pris de panique dès les premiers coups de feu, un régiment de marche de nouvelle formation, portant le nom et l'uniforme des zouaves, — régiment qui se réhabilita plus tard à la Malmaison, — lâcha pied au début de l'offensive, se dispersa dans les bois, et s'enfuit jusqu'à Paris dans une débandade si précipitée qu'il entraîna soudain toute la division de droite de nos troupes. Au centre, et surtout au Plessis-Piquet, où la résistance fut plus honorable, on dut bientôt également, devant une division bavaroise venue de Sceaux, se replier sur Fontenay-aux-Roses et Châtillon, pendant que l'artillerie et la cavalerie tentaient de masquer ce recul à l'ennemi.

La journée, qui nous coûtait 600 hommes environ, dont une centaine de tués, et huit canons laissés sur le lieu du combat, eut comme conséquences l'abandon des travaux commencés sur différents points pour la défense extérieure de la capitale, et la rupture de tous les ponts de la Seine, à l'exception de celui d'Asnières — démoli plus tard — et celui de Neuilly, qui permettaient de communiquer avec le Mont-Valérien. L'investissement de Paris devenait complet, et les relations avec la province ne pouvaient désormais s'établir qu'au moyen de ballons montés et de pigeons voyageurs, — ceux-ci, du moins, sachant narguer les frimas et les balles.

De retour au Palais de l'Industrie, les hommes du 5e bataillon reçoivent des toiles de tentes, des piquets et de la batterie de cuisine, pour aller s'installer dans les terrains qui avoisinent le quartier de l'Étoile, où ils doivent rester jusqu'au 27 septembre.

C'est à regret qu'on quitte les logements occupés depuis l'arrivée à Paris. Mais ce nouveau mode de campement vient d'être décidé par le commandant qui, ayant fait sonner la générale quelques jours auparavant, n'avait pu rassembler qu'un nombre insignifiant de gardes.

Avant de monter les tentes, et quand, du côté de Châtillon, la déroute s'achève dans les derniers feux de l'artillerie, on procède à l'élection des officiers.

L'insuccès de la première sortie ne fait point taire, en effet, les préoccupations politiques; et ce jour-là même, les mobiles sont appelés, par voie électorale, à nommer leurs chefs. La mesure n'était approuvée par aucun des hommes clairvoyants qui, soucieux de l'avenir de la France, ne voyaient là qu'un procédé incompatible avec la discipline militaire, et de nature à nuire profondément à la force de cohésion dont les troupes nouvellement organisées avaient tant besoin. Par l'élection des officiers, la garde nationale mobile était, de plus, assimilée à la garde nationale sédentaire; on la séparait de l'armée active, on créait entre ces deux corps, par une différence absolue dans l'origine du commandement, une sorte d'antagonisme, alors que la loi de 1868, les rapprochant au contraire, considérait le second comme l'auxiliaire du premier.

La plupart des bataillons de mobiles présents à Paris firent preuve heureusement, en la circonstance, d'intelligence et de perspicacité : très peu d'officiers furent exclus, et tous ceux dont les noms sortirent des urnes improvisées étaient dignes de cette faveur. Dans le 3e bataillon, les officiers furent réélus sans aucune exception : c'était le meilleur éloge qu'on pût faire à la fois des chefs et des hommes.

Paris maintenant est définitivement investi. Mais, d'après une déclaration officielle affichée sur tous les murs, les approvisionnements de toute espèce sont largement suffisants pour assurer l'alimentation de la population pendant deux mois. Et, dans l'esprit de chacun, le siège ne saurait avoir une aussi longue durée; avant peu, sans doute, devant les efforts combinés de toute la nation, devant l'énergie indomptable de la capitale, l'ennemi sera forcé de s'éloigner. Le gouvernement de la Défense nationale fait connaître d'ailleurs, en réponse à ceux qui s'émeuvent des bruits de négociations humiliantes, qu'il maintiendra jusqu'à la dernière extrémité la politique pour laquelle il a été placé au poste de l'honneur et du péril, politique qui se résume en cette formule de Jules Favre : « Ni un pouce de notre territoire, ni une pierre de nos forteresses ». — Personne alors n'aurait pu croire que la situation ne se dénouerait qu'à la fin de janvier par la capitulation de la ville, après le bombardement et la famine.

Les 22 et 23 septembre, le combat de Villejuif jette, du reste, dans Paris une animation joyeuse et dissipe en partie l'inquiétude causée par l'affreuse panique de Châtillon. La réoccupation, par le général Vinoy, des redoutes du Moulin-Saquet et des Hautes-Bruyères relève le moral des troupes et leur donne quelque confiance en leur propre valeur.

. .

Sous les petites tentes plantées aux alentours de l'Étoile, on ne fait aucun service de garde; les exercices d'instruction s'y poursuivent avec activité, et l'organisation du corps s'y régularise peu à peu. Les chassepots ont été nettoyés dès le premier jour; on en apprend le mécanisme et on les manie déjà avec une certaine habileté. Les compagnies, d'un effectif très inégal, sont constituées les unes et les autres avec le même nombre d'hommes environ : la 2e, qui était la plus forte, en verse 104 aux 1re, 4e, 5e, 6e et 7e; la 5e en cède 40 à la 7e et à la 8e.

Le commandant Blot, militaire à l'esprit pratique, pensant avec raison que les règlements ne peuvent être rigoureusement appliqués par des cadres formés de parents ou d'amis des mobiles, veut aussi faire permuter les sous-officiers en les appelant d'une compagnie à l'autre. Mais il se heurte aux protestations énergiques des sergents et de leurs hommes, qui tiennent absolument à ne pas être séparés ; et devant le mécontentement général, devant l'intention manifestée de rendre même les galons, le commandant doit renoncer à ce projet, bien décidé néanmoins à ne souffrir aucune complaisance de camaraderie qui serait préjudiciable à la discipline.

Une semaine s'écoule ainsi. Puis, le 27, l'ordre arrive au bataillon de quitter le quartier de l'Étoile et de se rendre dans les terrains vagues du boulevard Malesherbes, entre ce boulevard, l'avenue de Villiers et la rue de Prony, près du parc Monceau. De nombreuses baraques ont été dressées là pour recevoir les mobiles de la province : elles sont aérées, spacieuses, préférables aux tentes, mais elles ne peuvent faire oublier, avec le régime du billet de logement, la bienveillante hospitalité du Parisien. On s'y installe tant bien que mal : — et, tandis qu'on en prend possession, un ballon monté passe au-dessus des têtes, emportant de la capitale les lettres qui, à travers la France, feront connaître aux parents et amis le sort des assiégés, leurs sentiments de vaillante fermeté et leur indomptable espoir.

A partir de ce moment, le bataillon est appelé à un service actif, propre à compléter son éducation militaire : attaché au 5e secteur.

il est préposé à la garde des bastions 48, 51 et 54, à la porte des Ternes, au boulevard Pereire et à l'entrée du Bois de Boulogne.

La vie, dans ces bastions, est assez monotone et les heures s'y passent dans le plus grand calme. Les mobiles, quand le soir arrive, dressent les tentes sous lesquelles ils s'abriteront pendant la nuit; le jour, ils font des exercices physiques ou organisent des jeux animés. Les officiers, en quête de distractions, errent de long en large, scrutant de leur lorgnette le fort bardé de pièces du Mont-Valérien, causant avec les travailleurs qui construisent des casemates et des barricades, s'instruisant auprès des artilleurs du maniement des canons qu'ils sont chargés de garder. Ceux qui occupent le bastion 54 considèrent avec mélancolie le Bois de Boulogne, où les arbres de toute essence tombent l'un après l'autre sous la hache d'impitoyables bûcherons ; le lac, dont l'onde n'est plus égayée par les évolutions majestueuses des cygnes et les ébats tumultueux de toute la gent aquatique; le champ de courses, où naguère on applaudissait aux exploits des pur-sang vainqueurs, et qui, maintenant désert, apparaît comme une lande inculte.

Le soir, on dîne d'un morceau de pain et d'un bifteck de cheval, qu'on trouve médiocre, mais que, plus tard, on enviera jalousement. On se récrée avec des arrestations d'espions qui donnent lieu à des scènes divertissantes : presque toujours, en effet, bien que Paris certainement soit espionné par l'ennemi sur une vaste échelle, l'individu soupçonné n'est autre qu'un paisible bourgeois, très entiché de son titre de garde national.

La nuit venue, les officiers reposent sous une grande tente, mal close, et sur une paille qui, de longtemps, n'a pas été renouvelée. Ils se partagent les rondes, et chacun d'eux est à son tour trois heures sur pied. Rien, au surplus, ne trouble le silence qui les entoure, si ce n'est parfois les coups de canon tirés des forts, et près d'eux le cri des factionnaires : « Sentinelles, prenez garde à vous ! » — D'heure en heure, avec le sergent de service, ils s'assurent de la vigilance des hommes de faction et vont répéter avec eux les mots d'ordre et de ralliement.

Sur ces entrefaites, les vareuses en laine, qui ont remplacé depuis longtemps les blouses de toile grise et sont déjà fort détériorées, sont échangées, à la satisfaction de tous, contre des vestes et des capotes de l'infanterie. De plus, les mobiles commencent à être pourvus du havresac, qu'ils désiraient vivement et sans lequel il leur était fort incommode, en allant aux remparts, d'emporter la couverture, le campement avec ses bâtons, les marmites, gamelles et autres ustensiles.

.*.

Cependant, après l'affaire encourageante de Villejuif, le mois de septembre se termine par un nouvel insuccès. Nos troupes se heurtent, le 30, aux défenses formidables des villages de l'Hay, Chevilly, Thiais, Choisy-le-Roi, et l'attaque échoue. Un vaillant officier, le général Guilhem, est tué, et le 13ᵉ corps, en se retirant, subit des pertes considérables : il a 2000 hommes hors de combat, alors que les Allemands en ont tout au plus 400.

Dès le matin, on avait entendu la violente canonnade des forts et la fusillade crépitante de l'action vigoureusement engagée. Puis, on ne tarde pas à voir revenir de nombreux blessés, car, à neuf heures, il faut déjà battre en retraite devant les renforts qu'a reçus l'ennemi.

Retour navrant, plus triste encore que celui dont les fuyards de Châtillon, le 19, avaient donné le spectacle. Il en sera souvent ainsi, malheureusement, pendant les journées lugubres du siège. On sortait le matin pour quelque reconnaissance, on livrait combat aux Prussiens solidement retranchés, et nos soldats, repoussés, rentraient dans Paris, harassés, éclopés, démoralisés. La population, le cœur plein d'amertume, les regardait passer avec pitié, applaudissant encore si quelques-uns, en dépit de la fatalité, se montraient crânes et vraiment Français, vaincus certes, mais non point découragés.

Tel, par exemple, ce tambour-major, cité par un écrivain patriote, François Coppée, qui, à la porte d'Italie, s'avançait à la tête de son peloton de tambours, en haillons, le képi flétri, le front enveloppé d'un linge sanglant. Celui-là, malgré tout, redressait sa haute taille, exécutait, avec sa canne à pomme dorée et à ganse tricolore, ses plus gracieux tours, et, de son accent faubourien, répondait à un officier, qui s'informait avec bonté de sa blessure et de quel pays il était : « C'est rien, mon lieutenant ! Moi, je suis de la rue Mouffetard ! »

Quoi qu'il en fût de la sortie du 30 septembre, nos soldats s'y étaient honorablement comportés ; et, dans un ordre du 1ᵉʳ octobre, le général Trochu, gouverneur de Paris, croyait devoir les encourager de ses félicitations chaleureuses.

« Dans la journée d'hier, disait-il, le 13ᵉ corps s'est hautement honoré devant le pays, qui lui en témoigne sa reconnaissance par mon organe ; il s'est hautement honoré devant l'ennemi, qui ne dissimule pas l'impression que lui a produite la vaillance des troupes.

« Elles ont eu la vigueur dans l'attaque des positions, de longue main préparées ; elles ont eu le calme et l'aplomb dans la retraite.

« Soldats, nous sommes engagés dans une lutte suprême, où vous n'êtes plus les appuis d'une politique que la France a répudiée.

« La Prusse avait solennellement déclaré qu'elle ne prenait les armes que pour défendre cette politique, mais elle a depuis longtemps levé le masque. C'est l'honneur de la nation qu'elle veut humilier, et son existence même qu'elle veut détruire.

« Vous l'avez compris ! La grandeur de votre mission vous apparaît : vous venez de vous montrer et vous vous montrerez jusqu'aux termes de nos efforts communs, dans l'esprit de dévouement et de sacrifice, les dignes soldats de la France ! »

Le mois d'octobre commence toutefois sous l'impression défavorable du combat de Chevilly. Mais les officiers du 3ᵉ bataillon n'en sont que plus excités à faire travailler leurs hommes. Le matin, c'est l'exercice par compagnie dans les rues et les avenues qui avoisinent la place Pereire. L'après-midi, c'est l'école de bataillon dans une immense plaine, à la porte de Saint-Ouen. Parfois, on simule l'attaque d'une position ennemie ; cachés dans un pli de terrain ou derrière une haie touffue, les mobiles font mine d'ouvrir le feu sur quelque point fortifié ; puis, soudain, ils s'élancent à la baïonnette, les compagnies débouchent de tous côtés et, combinant leurs efforts, cernent l'endroit dans un mouvement enveloppant.

Les jours de pluie, les exercices sont interrompus et remplacés dans les baraques par des théories sur le service intérieur, le Code pénal militaire, l'entretien des armes, le tir, le paquetage des sacs.

Le dimanche, dans la matinée, on passe la revue sur la place Pereire. La musique joue ses morceaux les plus entraînants, et le bataillon, dont l'équipement s'est peu à peu complété et dont l'habillement a été rectifié, défile avec une correction irréprochable, sous un aspect vraiment martial.

On vit, du reste, au boulevard Malesherbes, d'une façon tout à fait militaire, avec les vivres de campagne. Un poste de police est établi au baraquement; on ouvre les livres d'ordinaire, on achète des balais pour la propreté du quartier.

La garde des bastions continue d'incomber, à tour de rôle, aux différentes compagnies. Mais les tentes où l'on s'abrite ne protègent

E. GRÉGOIRE
Sous-Lieutenant de la 2ᵉ.

FRAPART
Sergent-Major de la 2ᵉ.

BERTRAND
Capitaine de la 3ᵉ.

guère contre les intempéries : une pluie torrentielle les inonde une nuit et force les hommes à se lever précipitamment et à s'asseoir sur leurs sacs pour ne pas être engloutis par la ravine. A un poste ou à l'autre, ce service, en somme, a peu d'attrait et n'offre que le seul loisir de la lecture des journaux. Les nouvelles qu'apportent à Paris

A. LAHURE
Lieutenant de la 3ᵉ.

LOUCHEUX
Sous-Lieutenant de la 3ᵉ.

FRÉMONT
Sergent-Major de la 3ᵉ.

les pigeons voyageurs ne sont pas telles qu'on les désirerait sans doute; pourtant, ce n'est pas sans un rayon d'espérance qu'on apprend la formation en province de nouvelles armées, qui bientôt pourront opposer à l'ennemi une vigoureuse résistance et marcher, assure-t-on, au secours de la capitale.

Des incidents, joyeux ou tristes, rompent parfois, d'une diversion momentanée, la vie journalière du bataillon. Un soir, par exemple, on danse. Une cinquantaine d'engagés volontaires, jeunes gens pleins d'ardeur et de bonne humeur, qui ont fait bravement leur devoir pendant toute la campagne, étaient incorporés dans les rangs des mobiles, — et c'est l'un d'eux, Quesnel, de la 4ᵉ compagnie, qui est l'initiateur de la fête. Par sa vivacité d'esprit, ses saillies, ses quolibets, il égayait tous ses camarades et amenait le sourire sur les lèvres des officiers eux-mêmes. Un jour, donc, l'idée lui vient d'organiser un bal à l'insu de ses chefs; il obtient le concours d'un certain nombre de musiciens, et, la nuit venue, pour que la sauterie n'ait pas lieu entre cavaliers seuls, il ne craint pas de faire entrer dans le campement quelques marchandes de café ou de denrées alimentaires qui rôdent aux alentours. Dans la baraque choisie, la soirée commence avec le plus vif entrain. Mais quand, vers dix heures, les quadrilles battent leur plein, le commandant Blot, informé de ce qui se passe, apparaît tout à coup, et sa présence jette le désarroi parmi les danseurs. Cependant, bien qu'il soit sévère pour tout manquement à la discipline, cet officier ne peut s'empêcher d'être déridé par le spectacle qu'il a sous les yeux; il comprend que le caractère français, même au milieu des plus graves événements, ne perd pas ses droits à la gaieté gauloise, aux distractions de l'orchestre, — et non seulement il ne punit personne, mais il permet encore la continuation, jusqu'à onze heures, de cette fête improvisée.

Une autre fois, au contraire, c'est la maladie d'un camarade, c'est la conduite de quelques hommes à l'hôpital qui fait le sujet des conversations dans les compagnies et rend les fronts soucieux. Depuis longtemps la petite vérole sévissait à Paris et, pendant toute la durée du siège, l'agglomération des troupes, les conditions déplorables de l'hygiène, les privations et la misère ne pouvaient que prolonger et aggraver l'épidémie. Les mobiles arrivés de province, dans l'atmosphère viciée de la capitale, semblaient exposés plus particulièrement à la contagion, et beaucoup en subirent effectivement les atteintes.

Dans une maison du boulevard Pereire, — pour ne citer que ce cas, — un garde venant de la mobile des Vosges, Cherdavaine, ordonnance du capitaine de la 8ᵉ compagnie, tombe malade, et le major, tardivement prévenu, constate bientôt qu'il est atteint de la petite vérole. Le caporal Desprez, chargé de lui porter son bulletin d'admission à l'hôpital, est presque asphyxié quand il pénètre dans la chambre privée d'air où se lamente le pauvre garçon. Celui-ci, pourtant, à la pensée qu'il va être soigné dans une ambulance, s'efforce d'endosser ses vêtements. Mais, lorsqu'il se dresse et que, par hasard, il voit sa figure se refléter dans un miroir cloué au mur de la mansarde, il est tellement épouvanté des stigmates dont elle est criblée, qu'il perd connaissance et s'anéantit sur le parquet. Le caporal est obligé de courir au poste voisin, où son collègue Gautillot, mis à sa disposition, vient l'aider à descendre du plus haut étage le malheureux Cherdavaine, qui, conduit en fiacre à un hôpital de Grenelle, y rend le dernier soupir quelques jours après.

Le 20 octobre, le bataillon est commandé pour une expédition presque guerrière; il part vers Saint-Denis et se déploie dans la direction du Bourget pour recueillir des légumes. Pendant qu'un certain nombre de tirailleurs s'avancent à travers la plaine, le gros des hommes fait une razzia complète de tout ce qu'il trouve sur les terrains situés entre les grand'gardes prussiennes et nos lignes de défense. Choux, pommes de terre, carottes, navets, plantes potagères de toute espèce, sont jetés pêle-mêle dans de grandes voitures qui ont été réquisitionnées et qu'on ramène entièrement chargées aux baraquements. Si bien des sorties, pendant l'investissement, n'eurent aucun résultat, celle-là, du moins, ne fut pas sans profit : le bataillon, durant une quinzaine de jours, grâce à elle, put vivre de légumes frais et variés.

La journée avait été belle. Mais le 23, dans la matinée, l'eau tombe à flots, et la revue hebdomadaire doit être contremandée. Aussi bien, jusqu'à la fin du mois, le mauvais temps persiste; on patauge dans les terrains où se font les manœuvres, et le campement est presque transformé en cloaque. Quand, au dehors, la pluie interrompt forcément les exercices, l'instruction théorique se complète dans les baraques.

Les mobiles avaient à cœur d'être de vrais soldats : ils possèdent maintenant les qualités militaires que la Patrie réclame de ses défenseurs. Et, à la dernière revue d'octobre, 'e commandant Blot, en félicitant ses officiers des résultats qu'il constate, en complimentant ses hommes de leur travail et de leur application, a le droit de se montrer fier de la belle tenue de son bataillon.

. .

Du reste, après la reconnaissance du 8 octobre vers la Malmaison et Bougival, la démonstration vigoureuse, faite le 15 par le général

Vinoy avait montré déjà qu'on pouvait compter sur l'attitude et l'énergie des mobiles. Ceux de la Côte-d'Or et ceux de l'Aube, dont le brave commandant, le comte de Dampierre, avait été tué, s'étaient emparés des villages de Bagneux et de Clamart. Et si, devant Châtillon, bourg vraiment inexpugnable, défendu par les Bavarois, nos soldats avaient dû arrêter leur élan, c'est dans le plus grand ordre qu'ils s'étaient ensuite retirés; s'ils laissaient 400 des leurs sur le terrain, ils contraignaient l'ennemi, selon le but de l'opération, à divulguer ses forces et lui mettaient hors de combat 415 hommes et 9 officiers.

Le combat de la Malmaison, le 21, avait été également un épisode des plus honorables. Sous les ordres du général Ducrot, qui tentait une sortie dans la direction de Rueil, nos troupes, appuyées par le Mont-Valérien, s'étaient comportées vaillamment. Buzenval et la Malmaison avaient été enlevés, et les zouaves, par leur impétueuse bravoure et leur lutte héroïque dans le parc même, avaient pris là une revanche brillante de leur affolement de Châtillon. Mais, comme toujours, sans que l'affaire eût un résultat sérieux, il avait fallu se replier, après avoir perdu 500 hommes environ de part et d'autre, devant les retours offensifs et les forces supérieures des Allemands.

Puis, le 28, c'est une nouvelle action d'éclat, vaine encore, puisque, le surlendemain, un sanglant échec en doit être le déplorable contre-coup. Ce jour-là, vers trois heures du matin, les francs-tireurs de la Presse, dans un hardi coup de main, surprennent, en effet, les grand'gardes prussiennes et leur enlèvent le Bourget, que le général Carrey de Bellemare, qui commande le secteur nord de Saint-Denis, fait aussitôt occuper par quatre compagnies du 14e bataillon des mobiles de la Seine, puis par le 28e de marche.

Mais les Allemands, furieux d'avoir été délogés ainsi d'un poste avancé de leur ligne d'investissement, mettent tout en œuvre pour le réoccuper. Le soir même, un régiment de la garde prussienne tente dans ce but un effort infructueux, qui est renouvelé le lendemain, sans plus de succès, de huit heures à onze heures du matin.

Après avoir bombardé le village, pendant une partie de la journée, avec trente bouches à feu, l'ennemi, appuyé de ces cinq batteries, donne enfin l'assaut sur trois points à la fois, le 30, dès l'aube naissante. 1900 hommes lui tiennent tête et résistent héroïquement jusqu'à une heure de l'après-midi, épuisant leurs munitions, se défendant de maison en maison, jonchant les rues de sept cents morts ou blessés, parmi lesquels le commandant Baroche, atteint d'une balle au cœur. Et, si les bataillons allemands restent maîtres du Bourget, c'est au prix de la perte, dans leurs rangs, de trente-quatre officiers et de près de cinq cents hommes.

Malheureusement, cet insuccès coïncide à Paris avec la nouvelle stupéfiante de la capitulation de Metz. Certains bruits circulent en même temps d'un armistice négocié par Thiers, dont la mission, auprès des cours de l'Europe, n'a pu déterminer aucune intervention en faveur de la France. Et la douleur à la fois, la colère et l'indignation surexcitent les meilleurs esprits et les exaspèrent.

Le parti du désordre profite de cette situation et provoque, contre le gouvernement de la Défense nationale, accusé d'indécision et de timidité, une agitation grandissante qui, le 31 octobre, se déchaîne et éclate en émeute. Les bataillons de la garde nationale, descendus des faubourgs de Belleville et de la Villette, sous le commandement de Flourens, culbutent les mobiles de l'Indre et envahissent l'Hôtel de Ville. A l'exception de Rochefort et d'Ernest Picard, qui parviennent à s'échapper, les membres du gouvernement, Trochu, Jules Favre, Jules Simon, Garnier-Pagès et Jules Ferry sont tenus prisonniers jusqu'au soir. On les entoure, on les insulte, on les couche en joue; on exige leur démission, qu'avec fermeté ils refusent de donner, et on proclame leur déchéance : on veut un pouvoir plus énergique, une Commune. Dorian est acclamé en tête d'un Comité de salut public et, avec Arago, Floquet, Brisson, Schœlcher et Magnin, il signe une affiche annonçant, pour le lendemain, les élections d'un conseil municipal.

Mais, devant la folie de ces agitateurs, qui ne craignent pas, en face de l'ennemi, de tenter une pareille insurrection, et que conduisent Flourens et ses coreligionnaires de l'émeute, Blanqui, Millière, Delescluze, les gardes nationaux partisans de l'ordre s'émeuvent et viennent au secours des captifs. Le 106e bataillon passe à travers la foule et parvient à délivrer Trochu et Ferry. Ceux-ci, avec Picard qu'ils ont rejoint, agissent alors auprès des gens sensés que n'aveuglent pas les passions politiques : ils font battre le rappel dans Paris et, de la place Vendôme où ils sont accourus, entraînent d'autres bataillons vers l'Hôtel de Ville.

Les insurgés prennent peur déjà et demandent à parlementer. A trois heures et demie du matin, Jules Ferry, entrant par la porte de la place Lobau, qu'ont ouverte les mobiles du Finistère, et suivi de la garde nationale restée fidèle, pénètre enfin dans la salle des séances. Il déclare aux séditieux, qui ne semblent plus disposés à prolonger la lutte, qu'à leur tour ils sont ses prisonniers, mais qu'il leur fait grâce.

Aucun coup de fusil n'a été tiré heureusement; le sang-froid des membres du gouvernement a pu triompher de l'exaltation des communistes sans effusion de sang. Et, cette triste équipée, que déplorent tous les patriotes et dont se réjouit Bismarck, intraitable maintenant sur les conditions de l'armistice et le ravitaillement de Paris, se termine, le 3 novembre, par un plébiscite de la population et de l'armée, qui consacre à près de cinq cent mille voix de majorité les pouvoirs des élus du 4 septembre, et consolide leur autorité pour préparer de nouvelles mesures défensives.

.˙.

Dans cette journée révolutionnaire, le 3ᵉ bataillon des mobiles de Seine-et-Oise prend les armes vers neuf heures du soir pour aller au secours du gouvernement, et il se rend en toute hâte derrière le nouvel Opéra, où il passe la nuit. Après l'alerte, le 1ᵉʳ novembre, à dix heures, il revient au boulevard Malesherbes. Mais, bien que les émeutiers soient vaincus et que le calme soit rétabli, les hommes restent consignés. Il en est de même d'ailleurs de tous les autres mobiles cantonnés à Paris, qui, en cas de besoin, doivent se tenir prêts à marcher.

Deux jours après, avec tous les citoyens honnêtes et patriotes, le bataillon manifeste hautement son dévouement à la France et à la cause de l'ordre. Appelé à voter, en même temps que la population parisienne, sur la question de savoir si le gouvernement de la Défense nationale doit être maintenu, sa réponse, on le pense bien, n'est pas douteuse. Et, quand on vide, dans chaque compagnie, le bidon qui a servi d'urne et qu'on procède au dépouillement des bulletins, on constate qu'aucun désaccord ne saurait exister sur ce point et que le vote est unanimement affirmatif.

Le 5 novembre, une grande nouvelle est annoncée aux mobiles : on quitte Paris le lendemain. Le 3ᵉ bataillon — remplaçant le 1ᵉʳ bataillon de l'Oise, qui n'a pu pénétrer dans la capitale et qu'on a dirigé sur le Havre, — est réuni au 1ᵉʳ et au 2ᵉ bataillon de Seine-et-Oise

et va former avec eux le 60ᵉ régiment de marche, sous le commandement, nous l'avons dit déjà, d'un officier de très grand mérite, le
lieutenant-colonel Rincheval. On doit faire, hors des remparts, le
service de grand'garde aux avant-postes, et prendre, à Montrouge, la
place des mobiles du Finistère, qui sont rentrés à Paris et qui, sous
les ordres de leur commandant, le comte de Legge, viennent de jouer
un rôle important à l'Hôtel de Ville dans la nuit du 31 octobre.

La perspective d'abandonner la vie de garnison, régulière, mais
trop monotone, pour une existence plus active et plus mouvementée,
rend tout le monde joyeux. On entrevoit sans doute, hors de Paris,
des fatigues à supporter, des dangers à courir ; aux postes avancés,
on se trouvera exposé à des attaques fréquentes, on aura plus d'une
fois l'occasion de brûler des cartouches, on verra l'ennemi de près.
Mais cette éventualité n'effraie personne et rehausse singulièrement,
au contraire, l'estime propre que les hommes ont d'eux-mêmes. De
conscrits ils deviennent troupiers, et les deux mois de travail assidu
auquel ils se sont livrés ont fait d'eux, ils le sentent, des soldats
capables désormais d'être utiles à la défense de la Patrie. S'ils ne sont
pas encore aguerris, ils puiseront dans leur ardent amour pour la
France, dans la compassion profonde que leur inspirent ses revers
immérités, la force de résistance et le courage viril qui font surmonter tous les obstacles et s'évanouir toutes les défaillances.

Le 6 novembre, pour le bataillon, commence donc la véritable
campagne. Dès le matin, le quartier est en mouvement ; d'une baraque
à l'autre, on court, on crie, on s'interpelle. Dans leurs préparatifs,
les uns se hâtent avec une précipitation désordonnée, les autres pro-
cèdent avec une lenteur désespérante ; ici, on veut emporter quantité
de choses inutiles et charger son sac d'objets variés ; là, on s'aperçoit,
au dernier moment, que le nécessaire fait défaut et l'on réclame ou
des piquets de tente, ou des obturateurs, ou des aiguilles pour les
chassepots. Mais les officiers veillent à l'observation des règlements ;
ils proscrivent du paquetage tout ce qui est superflu et s'ingénient à
compléter les fourniments de tout ce qui est absolument indispen-
sable.

Quand les sacs enfin sont terminés, que l'équipement de chacun
est vérifié, on déjeune en quelques instants, on se range par compagnie, et à midi on se met en marche vers Montrouge. A certain point
du parcours, on se réunit au 1ᵉʳ et au 2ᵉ bataillon, et le 60ᵉ régiment
de mobiles, ainsi constitué, défile à travers Paris, avec la musique du

3e bataillon en tête, sous les ordres du lieutenant-colonel Rincheval.

La population, disons-le, à la vue de ces soldats pleins d'entrain et de bonne humeur, qui portent allégrement leurs armes et dont les sacs disparaissent sous tous les effets de campement, haches, scies, marmites et gamelles, sans oublier le pain de munition, fait au régiment l'accueil le plus flatteur et ne lui ménage pas ses acclamations.

Cependant, malgré les démonstrations encourageantes dont ils sont l'objet, et bien que les musiciens du 3e s'évertuent à jouer sans relâche les pas redoublés les plus enlevants, il tarde aux hommes d'arriver à leurs cantonnements. Quoique bons marcheurs, la route leur semble longue et la charge lourde. Aussi est-ce avec une satisfaction manifeste qu'ils parviennent à la porte de Montrouge.

Mais il est aussi difficile de sortir de Paris que d'y entrer. Les gardes nationaux en surveillent les portes avec une vigilance méticuleuse. Il faut avec eux parlementer, exhiber des papiers, montrer des ordres; et ce n'est qu'après l'accomplissement scrupuleux de toutes ces formalités mesquines que le régiment peut passer.

On est enfin hors des remparts, et, jusqu'au 24 janvier, les mobiles de Seine-et-Oise vont faire autour de Paris un service de campagne qui ne sera pas, malheureusement pour eux, sans souffrances et sans misères.

III

En Grand'Garde.

Dès la veille, après avoir pris les ordres du général de la Mariouse, dans la brigade duquel, avec les deux régiments célèbres du 35e et du 42e de ligne qui déjà la composent, est incorporé le 60e régiment de mobiles, le lieutenant-colonel et des officiers de chaque bataillon étaient allés reconnaître les emplacements des avant-postes et les logements qu'on devait occuper.

Le 3e bataillon est cantonné à la sortie de Montrouge, sur la route d'Orléans, en arrière du fort. Les mobiles, aussitôt arrivés, forment les faisceaux, mettent sac à terre et prennent possession des immeubles qui leur sont destinés. Les maisons paraissent saines, mais les Bretons qui viennent d'y séjourner les ont laissées dans un état de malpropreté indescriptible.

Les officiers de chaque compagnie ont une chambre commune où le confortable fait partout défaut; le mobilier en est des plus sommaires et ne consiste guère qu'en quelques chaises branlantes, une table boiteuse, des sommiers élastiques et un lit de fer; pas de serrures aux portes, des carreaux cassés aux fenêtres, et des cheminées où il est impossible d'allumer du feu; pour la toilette, une terrine remplace la cuvette; pour la cuisine, on utilise de vieilles casseroles, des pots et des vases ébréchés.

Mais la journée du lendemain, 7 novembre, consacrée à l'installation, permet cependant d'aménager le mieux possible les pièces dont on dispose. Des clous sont enfoncés dans les murs et les cloisons pour y suspendre les effets et les armes, la capote bleue et le noir caban, les sabres et les revolvers. On dresse des étagères, on consolide les meubles disloqués, on clôt les portes et les fenêtres, on établit une ventilation pour que la fumée ne vous aveugle pas; et, quand les lits de camp, les sommiers et les cantines ont trouvé leur place, que la cheminée même est ornée d'une petite glace, les locaux, sans être luxueux, apparaissent toutefois moins dénudés.

Les hommes sont groupés par chambrées dans les corps de logis affectés à chaque compagnie. Mais il leur a fallu tout d'abord procéder à un nettoyage laborieux : ce n'est qu'après avoir enlevé des tas d'immondices et des monceaux d'ordures, raclé, balayé, lavé les maisons de haut en bas, qu'ils peuvent s'étendre sur le plancher, avec leur couverture pour seule literie. Depuis plusieurs semaines, ils dorment ainsi déjà, et, pendant des mois encore, ils ne se déshabilleront pas ; le froid va sévir d'ailleurs et leur interdire lui-même de se dévêtir : à peine ôteront-ils leurs souliers et desserreront-ils la ceinture du pantalon.

Au point de vue alimentaire, Montrouge offre peu de ressources. La population presque tout entière a fui, et, si quelques épiciers et surtout des marchands de vin tiennent toujours porte ouverte, on ne trouve dans leurs boutiques que de rares denrées, que des produits falsifiés, et à un prix fort élevé. Sous le nom alléchant de « confiture d'abricots », ils vous vendent un mélange de potiron et de gélatine sucrée ; quand on veut assaisonner parfois des mâches ramassées sous la neige, ils vous livrent pour de l'huile d'olive un dégras nauséabond que n'emploieraient pas les corroyeurs eux-mêmes.

Au fur et à mesure que se prolongera ici le cantonnement, la nourriture, du reste, deviendra d'une qualité de plus en plus médiocre. La soupe des sous-officiers est faite avec une graisse dont l'épouvantable odeur ne peut être atténuée que par une dose d'ail excessive. Le pain, à cette époque, est encore mangeable et meilleur, en tout cas, que celui dont les Parisiens sont gratifiés. Comme viande, on reçoit quelquefois du cheval, mais le plus souvent du lard ou du buffle salé. De temps à autre aussi, le produit d'une rapine vous offre le régal d'une gibelotte de chat ou d'une côtelette de chien.

.·.

Le 7, quand tout le monde est installé, on se couche d'assez bonne heure, car le bataillon va le lendemain prendre la garde aux extrêmes avant-postes, et il faut être sur pied dès l'aurore.

A quatre heures et demie, en effet, on est réveillé à la muette. En raison de la proximité de l'ennemi, toutes les sonneries ont dû être supprimées, et il en sera ainsi, sauf à Pantin, jusqu'à la fin du siège : les clairons ne se feront entendre qu'au défilé à l'école de régiment.

On jette en sautoir la couverture sur ses épaules ; officiers et soldats s'arment, les uns du revolver, les autres du fusil, boivent hâtive-

FRANCO
Sous-Lieutenant de la 4ᵉ.

FAUCON
Sergent-Major de la 4ᵉ.

MAGLOIRE
Sergent-Major de la 5ᵉ.

ment du café ou rompent un morceau du pain, — et, alors qu'il fait encore nuit noire, la troupe se met en marche par la route d'Orléans pour aller relever le 2ᵉ bataillon. L'infanterie de ligne, à l'extrémité du village, garde une première barricade, celle de la Grange Ory, vaste tannerie que les patrouilles des Prussiens n'ont pas endom

MASSON
Sergent-Major de la 6ᵉ (5ᵉ).

Bᵒⁿ BURTHE D'ANNELET
Capitaine de la 6ᵉ.

E. HUGUES
Sergent-Major de la 7ᵉ (5ᵉ).

magée et qui est même en activité pour satisfaire aux commandes de l'État. Plus loin s'élève une autre barricade, celle de la « Maison Percée, » dans laquelle on ne peut pénétrer que par une brèche ouverte dans le mur.

Ici et là on détache une compagnie. Les autres poussent jusqu'à la ligne la plus avancée, limitée par les habitations Millaud et Pichon. Celle-ci, trouée d'obus, n'a plus ni portes ni fenêtres ; les embrasures en sont closes avec des pavés espacés en guise de meurtrières ; d'un étage à l'autre, le vent y souffle dans tous les coins. En avant, derrière un large fossé surmonté d'un talus, la route est coupée par une forte barricade. A droite, des ouvriers civils assez nombreux travaillent sans beaucoup d'ardeur à l'établissement d'une batterie. A gauche, des terrassements importants, mais inachevés, doivent servir d'épaulements pour l'artillerie ; plus loin, sont des maisonnettes et des murailles délabrées ; et, sur le chemin de Cachan à Bagneux, se dressent les travaux en voie de construction de deux batteries étagées, dont une pour mitrailleuses. Le dernier poste, d'une trentaine d'hommes, occupe le lieu dit de « la Carrière ».

La ligne de tranchées, qui s'étend jusqu'à Cachan, en passant par le chemin de fer de Sceaux, est protégée par le fort de Montrouge et par la fameuse redoute des Hautes-Bruyères.

Au jour naissant, les mobiles voient se dessiner en face d'eux une masse sombre, qui peu après leur apparaît distincte : c'est la première barricade prussienne, plantée à quelques cents mètres de la leur, et qui intercepte également la même route d'Orléans. Cet amoncellement de pavés leur fait éprouver une impression singulière. A Paris, ils pouvaient croire encore que l'ennemi ne fût pas aux portes ; maintenant ils n'en sauraient douter, et la ligne de blocus, qu'ils frôlent de si près, les rappelle d'une façon poignante à la douloureuse réalité.

Le paysage, que le soleil éclaire radieusement, est pittoresque et accidenté ; le terrain, par endroits, est encore paré de ses arbres et de sa verdure ; les champs ne sont pas tous dépouillés de leurs cultures. On voudrait pouvoir s'y aventurer, explorer les alentours, visiter les bourgades importantes de Châtillon, Bagneux, l'Hay, Bourg-la-Reine, où les Allemands se sont solidement fortifiés, et qui pourtant semblent désertes, car aucun bruit ne s'y fait entendre, aucun soldat ne s'y montre : si ce n'était la légère fumée qui s'échappe des toits, rien n'y décèlerait visiblement la présence de l'ennemi.

Mais il faut rester de garde dans les tranchées, en face des masures effondrées et des travaux de défense, devant la terre nue, bouleversée, piétinée, où ne perce pas un brin d'herbe. Cependant on ne s'ennuie point : les sentinelles vont et viennent ; les hommes font les corvées, installent les cuisines en plein vent, puisent de l'eau, préparent le repas ; les uns fument, les autres flânent. Des maraudeurs, malgré les ordres les plus sévères, se hasardent parfois au delà des postes pour arracher du sol quelques légumes, et font profiter du butin les chefs mêmes qui les réprimandent. Mais ce jeu est dangereux, et malheureusement un soldat de la 1re compagnie est tué d'une balle prussienne en s'exposant ainsi en avant de la ligne d'occupation.

La première journée de grand'garde, favorisée par un temps clément, se passe sans autre incident fâcheux. Les heures s'écoulent paisiblement, sans être troublées, comme aux portes de Paris, par les apparitions fréquentes et les démonstrations incohérentes des gardes nationaux.

Le soir, on double, on triple même les sentinelles, avec les recommandations les plus expresses de ne pas charger les armes d'avance et de ne tirer sous aucun prétexte, à moins que l'ennemi ne vienne rôder isolément à quinze ou vingt mètres du factionnaire. Et ces ordres formels ne sont pas superflus, ces précautions ne sont pas inutiles, car les hommes du bataillon, comme toutes les jeunes recrues, ne sont que trop disposés à faire feu, la nuit surtout, au moindre bruit insolite; et, si un coup de fusil retentit, d'autres aussitôt partent sans commandement, de toutes parts, occasionnant de fausses et inquiétantes alertes.

Les Prussiens le savent d'ailleurs et ne sont pas sans provoquer eux-mêmes ces alarmes vaines, quand des troupes neuves font le service des grand' gardes. Dans la nuit noire, ils lancent quelques éclaireurs qui s'approchent à pas de loup, déchargent leurs armes et se replient aussitôt. Les soldats de faction, surpris à l'improviste, répondent immédiatement à ce feu ; les hommes de soutien accourent, puis les réserves, et, pendant des heures quelquefois, c'est une mousqueterie ininterrompue. Lorsque le sang-froid revient enfin, les tireurs s'aperçoivent qu'ils brûlent leur poudre au vent, que l'ennemi se tient coi et silencieux au fond de ses tranchées, riant sous cape et se frottant les mains sans doute du succès de son stratagème.

Rien de pareil ne se produit cette nuit-là. On entend seulement, vers six heures, une fusillade assez vive en avant de Cachan ; mais elle cesse bientôt, et l'émoi qu'elle a causé disparaît pour faire place à la plus grande tranquillité d'esprit. Le ciel est clair, du reste; toute surprise serait difficile et pourrait être évitée, s'il prenait à l'adversaire la velléité de tenter quelque coup nocturne.

A la pointe du jour, on rentre à Montrouge, non sans fatigue, et, se pelotonnant dans la couverture, on va pouvoir, au désir de tous, goûter un peu de repos.

.˙.

Ce n'est pas pour longtemps toutefois qu'on s'endort. Au premier appel, lecture est donnée d'un ordre de la brigade qui enjoint aux mobiles du régiment d'aller le jour même, 9 novembre, se faire revaccciner au quartier général. La mesure est excellente et, prise plus tôt, elle aurait certainement préservé de la mort de pauvres jeunes gens qui, atteints de la petite vérole au campement du boulevard Malesherbes, avaient succombé alors dans les ambulances ou les hôpitaux. Pourtant, elle rencontre une vive opposition chez un grand nombre de campagnards, insouciants de toute prescription hygiénique et qui n'ont aucune confiance dans le moyen prophylactique de la vaccination ; et ce n'est pas sans difficulté que les officiers, donnant l'exemple, finissent par vaincre la répugnance de leurs hommes et les décident à subir l'opération.

L'épidémie, dès ce moment, ne tarde pas à décroître. Mais des cas se produisent encore et jettent un certain effroi dans les chambrées. Le caporal brancardier Macaire — un vrai boute-en-train, entre parenthèses, qui égayait les camarades de ses facéties et jouait même des tours malicieux à ceux qu'indisposait la peur, — ne put un jour trouver des gardes dans son escouade, tellement la contagion les épouvantait, pour transporter à l'hôpital de Bicêtre un mobile varioleux de la 7ᵉ compagnie : il fallut réquisitionner une voiture. Le malade, malgré la perte de temps, put efficacement, néanmoins, recevoir du major les soins qu'exigeait son état.

La discipline, en face de l'ennemi, doit être observée, on le sait, avec une excessive rigueur, et, à Montrouge, toute faute était réprimée sévèrement. Ce jour-là, par exemple, le lieutenant-colonel porte à la connaissance du régiment qu'un caporal et un garde du 2ᵉ bataillon ont été punis de quinze jours de prison pour s'être éloignés un instant de leur poste, à la maison Millaud, et avoir tiré des coups de fusil dans une carrière, sans autorisation. — Un peu plus tard, le sergent Delbart subissait huit jours de la même peine : étant de garde la nuit, avec douze hommes, dans une longue tranchée qui se dirigeait vers Bagneux, et dans laquelle étaient suspendues à des fils de fer des sonnettes qu'un coup de vent fit subitement tinter, il n'avait pu empêcher les mobiles effrayés de tirer dans l'obscurité et de mettre en alarme tout le front des troupes.

Le soir, en se couchant, on ne se doute guère — car la nouvelle ne sera connue que le 15 — qu'en cette journée du 9 novembre les jeunes soldats de l'armée de la Loire, commandés par le général d'Aurelle de Paladines, ont repris Orléans et remporté, à Coulmiers, une victoire incontestée sur les troupes bavaroises du général von der Tann.

Mais il est dit que le sommeil, aux avant-postes, sera constamment troublé : une fusillade retentit quand déjà tout le monde dort, l'ordre de partir est donné, le bataillon s'équipe en un clin d'œil et se range sur la route ; puis le silence se fait, et l'on rentre bientôt, après avoir constaté que c'est encore une fausse alerte.

Le 10, en dépit d'averses continuelles, on s'exerce, pour la seconde et dernière fois d'ailleurs, au tir à la cible. Chaque compagnie s'y rend à tour de rôle et chaque homme a trois cartouches à brûler. La tranchée où l'on est posté sillonne le terrain appelé Parc de Montrouge, et l'on vise des cibles placées à gauche de la route de Bagneux. Les fusiliers marins qui gardent le fort tirent, de leur côté, sur d'autres cibles plantées à droite, mais avec une habileté qu'admirent et qu'envient les mobiles.

Ceux-ci, on le conçoit, ne peuvent être que très inexpérimentés. A l'exception des chasseurs habitués à la poursuite du gibier, la plupart n'ont jamais pressé la détente d'un fusil, et leurs balles se perdent dans les champs de betteraves plutôt que d'atteindre le but. Certains manient même leur arme si gauchement que le canon s'emplit de terre détrempée dans le parapet de la tranchée.

Par moments, les obus que le fort de Montrouge envoie sur les hauteurs de Bagneux, passent au-dessus des têtes et, quoique inoffensifs, les font s'incliner d'un mouvement involontaire. Des balcons les plus élevés du village, les Prussiens, qu'on aperçoit pendant une éclaircie, semblent suivre les exercices du tir et se distraire de ce spectacle.

Le 11, on relève aux avant-postes le 2ᵉ bataillon, dont l'intempérie a rendu la garde vraiment pénible ; les factionnaires ont les vêtements ruisselants, les chaussures remplies d'eau.

On n'est guère mieux partagé. La pluie de la veille a transformé chaque tranchée en égout collecteur ; une boue gluante s'attache aux pieds, les feux de bivouac peuvent à peine être allumés. On souffre de l'humidité, on grelotte par instants sous l'âpreté d'une neige fondue et glaciale qui vous fouette au visage. — Et les mobiles de Pontoise ne sont pas sans penser, avec quelque mélancolie, que si les événements n'exigeaient pas d'eux tout ce qu'ils doivent à la Patrie, ils assisteraient gaiement en ce jour à la fête de la Saint-Martin, cette foire légendaire qui attire chaque année, de dix lieues à la ronde, des milliers de visiteurs dans leur vieille et pittoresque cité.

La 5ᵉ compagnie, de réserve pour la journée, occupe un poste privilégié sur la route d'Orléans · elle est abritée dans une ferme et peut y goûter le repos et la tranquillité, l'agrément aussi d'un feu clair qu'on fait pétiller dans les cheminées. Mais quelle nudité et quelle tristesse dans ces vastes locaux! Tout y revêt un aspect sinistre : les granges, les écuries, les hangars sont vides et déserts ; des débris de toutes sortes jonchent le sol de la cour ; un tombereau et des charrues en barricadent la porte principale ; une machine à battre gît dans un coin, brisée par un obus. Et presque tous cultivateurs, les mobiles, qui connaissent la vie et l'animation des travaux champêtres, qui savent de quel labeur et de quels sacrifices on achète la prospérité d'une ferme, ne peuvent surmonter un serrement de cœur pénible en présence de la dévastation des lieux, des ruines qui les entourent.

La 1ʳᵉ compagnie, de garde à la Carrière, est frôlée par quelques soldats ennemis qui rôdent aux alentours. Elle tire sur eux et un homme paraît touché. Sans riposter, les autres l'entraînent et regagnent précipitamment leurs retranchements.

Chaussés pour la plupart de mauvais souliers, avec des guêtres de cuir qui ne seront pas remplacées de toute la campagne, les mobiles pataugent dans les tranchées, devenues par endroits de véritables fondrières. La nuit leur semble interminable ; et les jets de lumière électrique que lance de temps à autre le fort de Montrouge, pour diriger ses coups sur le plateau de Châtillon, éclairent ici et là des factionnaires qui ne peuvent que difficilement se mouvoir dans la vase où ils sont enlizés.

Aussi, quand la garde prend fin, chacun est-il heureux de rentrer au quartier pour se réchauffer et nettoyer un peu ses vêtements.

Au rapport du jour, le lieutenant-colonel indique l'organisation du service en cas d'alerte. Le bataillon de piquet, celui qui le lendemain doit être de garde, prend les armes au premier signal et, si l'alerte est vive, se porte derrière le fort de Montrouge, où il attend de nouveaux ordres. Le bataillon, qui, le matin, a descendu de garde, prend égale-

5ᵉ COMPAGNIE (5ᵉ)

G. ROUSSELLE   TORDEUX   DE LA BAUME
Lieutenant.   Capitaine.   Sous-Lieutenant.

ment les armes et se range devant ses cantonnements, dans les rues mêmes de Montrouge, pour y attendre des ordres.

La grand'garde du 14 se fait sous les auspices d'un temps moins inclément. Le soleil brille, la brume est dissipée, et le paysage se dessine nettement; on peut voir, à courte distance, les Prussiens approvisionnant leurs postes de bois et de vivres. Le calme de l'atmosphère se reflète dans les esprits, et on a peine à s'imaginer que cette campagne éclairée et souriante puisse devenir d'un moment à l'autre un lieu de carnage et d'égorgement. La tannerie de la Grange-Ory, qui devait être pendant la Commune le théâtre d'un combat assez vif entre l'infanterie et les fédérés, prête encore à l'illusion : sans paraître se soucier du voisinage des Allemands, les ouvriers travaillent activement à la préparation des cuirs, la machine à vapeur est en plein mouvement et les cuves à tan sont combles.

Les mobiles, à ce poste, sont en contact avec les soldats du 35ᵉ de ligne, qui gardent derrière l'usine une partie du mur de clôture.

A la Carrière, occupée la veille par une section de la 8ᵉ compagnie du 2ᵉ bataillon, on est sous l'impression du douloureux événement qui s'y est passé vers huit heures du soir. Quelques coups de fusil s'étaient fait entendre, suivis bientôt d'un feu de peloton désordonné. Les tranchées avaient été vivement garnies et un bataillon de ligne était arrivé au pas de course par la route d'Orléans. Mais ce fut peine inutile : l'ennemi qui, de la tranchée du chemin de fer de Sceaux, était venu flairer le poste, avait disparu déjà et ne se montrait plus. Par malheur, il s'ensuivait de l'alerte un déplorable accident : un homme avait oublié, malgré les ordres donnés, de retirer la cartouche de son fusil, et pressant la détente, il tuait raide, quelques instants après, son camarade Dechaumont, avec lequel il s'amusait, en le visant à bout portant, au jeu imprudent des armes qu'on croit déchargées. Le corps de la victime, déposé à l'ambulance du couvent des Dominicains, était inhumé le lendemain à Arcueil.

Chaque compagnie, d'après l'organisation du service, passait à tour de rôle dans les différents postes, plus ou moins dangereux selon leur situation. A la grand'garde du 17, le bataillon, par exemple, était réparti de la manière suivante :

La 1ʳᵉ compagnie occupait la Grange-Ory; la 2ᵉ était à la Carrière; la 3ᵉ formait la réserve du commandant; la 4ᵉ gardait la maison Millaud; la 5ᵉ, le chemin de fer; la 6ᵉ, la maison Pichon; la 7ᵉ était de réserve au quartier, et la 8ᵉ se trouvait au parc de Montrouge.

Ce parc, qui constituait autrefois une fort belle propriété, avait été morcelé depuis longtemps. Le poste, abrité par un pan de mur délabré, s'y tient dans un terrain vague, non loin des maisons de Montrouge. Il règne là un certain mouvement : des passants, des curieux, des mobiles désœuvrés vont et viennent; on voit des marins qui mènent paître des bœufs étiques sur les glacis du fort, des laboureurs qui conduisent la charrue et creusent des sillons comme en pleine paix. Le voisinage de Bagneux permet aussi de s'aventurer quelquefois jusque dans les jardins du bas village pour s'y approvisionner de légumes.

Le 18 novembre, à la suite de la démission du capitaine Sueur, des élections ont lieu à la 8ᵉ compagnie. Le lieutenant Fourchon est nommé capitaine, et le sergent Mathierre, à la place du sergent Prévost qui ne veut pas accepter l'emploi, est désigné comme lieutenant.

Le jour suivant, le lieutenant-colonel passe la revue du bataillon et se fait présenter les capitaines.

⁎

Le 20, en prenant la grand'garde, on apprend que, la nuit précédente, le 2ᵉ bataillon a fait encore une perte. Le factionnaire Bouillette, de la 4ᵉ compagnie, ayant aperçu sur la route d'Orléans, près du chemin de fer de Sceaux, quelques Prussiens qui rôdaient dans l'ombre, avait tiré sur eux, sans prendre la précaution de se dissimuler derrière un des gros arbres qui bordent la chaussée. L'ennemi, à la lueur du coup de feu, avait riposté vivement, et le malheureux garde était tombé mourant à son poste. Le sergent Billon s'était précipité vers lui, au risque d'être foudroyé lui-même par une nouvelle décharge, mais il l'avait relevé expirant.

Le temps est encore assez doux, mais il y a de la poudre dans l'air. Les Allemands semblent de mauvaise humeur, et dès le matin, pour essayer la justesse de leurs fusils de rempart, ils envoient des balles sur le poste de la Carrière, d'où le salut leur est poliment rendu.

Depuis deux nuits, ils travaillent activement d'ailleurs à l'établissement d'une barricade nouvelle, très voisine de nos tranchées, en avant de celle qui se dresse à l'entrée de Bourg-la-Reine. Il importe de les inquiéter; et à peine le jour a-t-il disparu, qu'une fusillade persistante est dirigée sur les ennemis qui se sont remis à l'œuvre.

Cependant ce jeu finit par leur déplaire, et un détachement pousse une reconnaissance vers la Carrière. De cette redoute, les mobiles l'accueillent avec un feu violent; les Prussiens répondent avec vivacité, et de tous côtés sifflent les balles. Tout à coup le fort de Montrouge intervient et les Hautes-Bruyères se mettent également de la partie. Des obus lancés sur Bourg-la-Reine font rentrer l'adversaire dans ses postes et le rendent silencieux. Aucun garde n'est blessé, et si l'ennemi a quelques hommes hors de combat, il ne les abandonne pas sur le terrain.

La nuit s'achève sans autre alerte. Mais à l'aube, quand la garde est sur le point d'être relevée, une nouvelle fusillade éclate vers la gauche, dans la direction de Villejuif. Chassepots et dreyses, pendant plus d'une heure, s'invectivent à l'envi; et le bataillon doit attendre que le calme soit rétabli avant de regagner Montrouge.

Le 21, le 2e et le 3e bataillon sont réunis derrière le fort et font ensemble l'école de régiment. Après l'exécution de divers mouvements, la division en corps fictifs, le déploiement en tirailleurs, on défile, musique et clairons en tête, devant le lieutenant-colonel Rincheval. A défaut de tambours, en effet, le 60e de marche a deux clairons par compagnie, et il est fier de sa fanfare du 3e bataillon.

Composée de trente-cinq exécutants, cette fanfare, qui, comme je l'ai dit, avait été organisée par le lieutenant de la Brunerie, était devenue assez forte, grâce au concours de quelques musiciens de talent, et elle était d'autant plus goûtée que Paris, avec celle-là, n'en possédait qu'une autre dans les régiments de mobiles. Le général de la Mariouse la faisait jouer à son quartier général, où elle alternait avec les musiques du 35e et du 42e de ligne. Mais, plus tard, les auditions musicales durent être supprimées, et il fallut aux hommes de la fanfare délaisser les instruments de cuivre pour prendre eux-mêmes le fusil.

Dans la nuit qui suit, vers une heure et demie, une fusillade nourrie, appuyée de coups de canon, court le long de la ligne des avant-postes. Les mobiles du bataillon, au repos, dorment profondément et, habitués déjà aux détonations des pièces du fort, ne s'éveillent même pas. Cependant l'alarme est donnée et s'étend bientôt à tout le régiment, car, du côté d'Arcueil, le feu redouble de violence. Le 1er bataillon prend les armes et file rapidement aux tranchées; les autres sont debout et prêts à marcher, si des renforts deviennent nécessaires. A trois heures, le bruit ayant cessé, il est permis à chacun de se recoucher. Mais, à six heures, le tapage recommence de plus belle. Cette fois, le fort s'en mêle et continue à tonner toute la matinée. Près des faisceaux, les hommes attendent, la giberne garnie, la musette au côté, et ils apprennent enfin qu'il s'agit encore d'une alerte injustifiée.

Des mobiles de la Vendée, depuis peu de jours de service aux grand'gardes, se sont effrayés sans raison plausible, et ils ont tiré dans le vide avec une ardeur que leur reproche sévèrement un ordre du général commandant en chef, lu à l'appel du 22.

« La nuit dernière, dit le général Ducrot, les troupes de la brigade Paturel, placées aux avant-postes, ont entamé un feu de mousqueterie que rien ne motivait.

« Cette tendance à brûler inutilement de la poudre est un signe manifeste de la faiblesse morale d'une troupe. Elle peut s'excuser dans le cas présent par l'inquiétude qu'occasionne toujours l'ignorance des positions nouvellement occupées. Mais si ces faits venaient à se reproduire, ils seraient inexcusables, et le général en chef n'hésiterait pas à chasser honteusement des avant-postes les troupes qui se montreraient indignes de les occuper.... Tout homme qui brûlera une cartouche sans ordre, s'il n'a pas tué son Prussien, sera puni de trente jours de prison. »

Il est bon de dire, à ce propos, que les mobiles du 60e régiment, à qui les officiers surent inspirer la résolution et le sang-froid, ne causèrent pas en grand'garde d'alertes inutiles, et que, d'ailleurs, pendant leur séjour à Montrouge, ils n'eurent à subir, de la part de l'ennemi, aucun assaut sérieux. Les patrouilles prussiennes tiraient, il est vrai, assez fréquemment sur les positions françaises, soit au lever du jour, soit à la tombée de la nuit. Mais c'était surtout pour tâter les troupes de garde, et ces petites fusillades, à peu près inoffensives, s'apaisaient vite quand on ne ripostait qu'avec indifférence ou que, mieux encore, on ne jugeait pas utile de répondre.

La vie, les jours suivants, se continue dans les mêmes conditions, sans agrément comme sans incident grave. Une fois, cependant, la disparition de quelques hommes jette un certain émoi dans le bataillon. On se met à leur recherche à travers la plaine, et on apprend qu'ils sont descendus dans l'une des anciennes carrières qui, pour la plupart, servent à Montrouge de champignonnières. Nul doute qu'attirés par la convoitise des succulents cryptogames dont ils pourront faire un régal, ils ne se soient égarés dans les longues galeries qui s'entre-croisent sous terre. On s'y aventure avec prudence, on les appelle, on crie, mais c'est en vain. A la fin, l'idée vient de recourir aux clairons, qui sonnent à toute force et sans discontinuer à l'entrée de la carrière. Le moyen, heureusement, réussit : guidés par les notes vibrantes des instruments qui se répercutent dans les souterrains, les mobiles fourvoyés retrouvent enfin leur chemin et sortent, pâles et effarés, de l'excavation ténébreuse qui a failli leur être fatale.

Bien que la température ne soit pas encore très rigoureuse, le froid devient piquant, et dans la brume du matin, à la grand'garde du 24, on aperçoit les ennemis qui, plus pressés encore que d'habitude, se hâtent, en courant, de relever leurs sentinelles et de regagner ensuite les tranchées.

Le 26, on voit passer à Montrouge un bataillon de mobilisés appelé aux avant-postes. Les hommes sont vêtus et équipés à neuf; ils ont en abondance du vin et des vivres; leurs sacs sont surchargés de provisions de toutes sortes. Mais la cuisine, le coucher et tous les détails de la vie en plein air semblent beaucoup les embarrasser, et ils sont décontenancés de ne trouver à leur disposition, dans les maisons qui bordent la route d'Orléans, ni tables, ni chaises, ni matelas.

Le soir, on est prévenu qu'il y aura canonnade, et on s'attend à rester sur pied une partie de la nuit. En effet, de onze heures à minuit, puis de deux heures à quatre heures du matin, tous les forts du sud, Montrouge, Vanves, Issy, les redoutes des Hautes-Bruyères et du Moulin-Saquet, le Mont-Valérien à l'ouest, et même Vincennes à l'est, lancent une grêle d'obus, qui passent avec un sifflement aigu, en décrivant, au-dessus des têtes, leurs redoutables trajectoires.

Il se prépare, évidemment, quelque chose, sans que personne puisse dire dans quel but le canon gronde ainsi de tous côtés. Mais le spectacle de ces lueurs éclatantes, qui se détachent incessamment sur le fond noir de la voûte céleste, est d'une beauté grandiose : on se plaît à le contempler, comme on admire, les soirs d'été, après une chaleur excessive, les éclairs éblouissants dont l'horizon est sillonné.

* *

Le 28 novembre, au lieu de suivre le 35ᵉ et le 42ᵉ de ligne, avec lesquels il devait faire campagne et qui allaient être très éprouvés à Champigny, le 3ᵉ bataillon va relever à Cachan les gardes nationaux mobilisés qui, excités par des rasades fréquentes, chantaient à tue-tête la *Marseillaise* dans les tranchées et refusaient d'obéir à leurs chefs, la plupart, du reste, sans valeur militaire et sans autorité morale.

On est de grand'garde dans le parc de Raspail, qui n'est pas encore trop endommagé. Mais quelle dévastation dans les maisons du village! Les meubles sont brisés, les tentures déchirées, les boiseries et les glaces fracassées; pêle-mêle gisent à terre des papiers et des livres; sur les murs sont crayonnés des inscriptions comiques ou grossières, des caricatures grotesques, des dessins de mauvais goût.

Ce jour-là, tout le monde s'attend à une action importante contre l'ennemi. Le bruit circule dans les rangs que le général Ducrot doit faire une sortie décisive, vers le sud ou vers l'est. Le 35ᵉ de ligne, le 35ᵉ mobiles, de la Vendée, et l'artillerie de campagne ont quitté Montrouge, y laissant leurs sacs, et sont rentrés à Paris le matin. Où se livrera la bataille? On ne le sait nullement, car aucun journal ne pénètre dans les cantonnements, et si les lettres franchissent les portes de la ville, elles mettent parfois plus d'une semaine avant de parvenir à destination. — Ce n'est que d'une façon tout à fait indirecte qu'on a connaissance, aux avant-postes, de la proclamation du général commandant en chef et de la phrase résolue qui la termine : « J'en fais le serment devant vous, devant la nation tout entière : je ne rentrerai dans Paris que mort ou victorieux.... »

Le soir, on est avisé cependant que le village de l'Hay sera attaqué le lendemain matin, qu'il faut redoubler de vigilance dans les tranchées et tenir jusqu'à la dernière extrémité, si un mouvement offensif se produit. Dans la nuit, plusieurs compagnies des 1ᵉʳ et 3ᵉ bataillons sont envoyées en soutien aux postes les plus avancés, occupés par le 2ᵉ bataillon.

La batterie de Cachan, entièrement achevée, est garnie de pièces de 12 de campagne arrivées dans la journée, et de minuit à deux heures, les forts tonnent sur toute la ligne. Du côté des Allemands, les tambours battent le rappel : l'ennemi est certainement averti et se tient sur ses gardes.

Dès six heures et demie, les troupes françaises, sous les ordres du général Vinoy, s'ébranlent aux cris répétés de « En avant! », et bientôt la fusillade commence. Le fort de Montrouge et les Hautes-Bruyères tirent à outrance sur l'Hay. Les pièces du moulin de Cachan, bien que servies par de jeunes Parisiens récemment incorporés et, par conséquent, inhabiles, ouvrent elles-mêmes leur feu, sous la direction de sous-officiers qui sont d'anciens artilleurs.

Les hommes de grand'garde ont pris les armes; ils occupent les tranchées et les barricades, et peuvent suivre à l'œil nu, quand le jour s'est levé et que le soleil éclaire la scène, toutes les péripéties du combat qui se déroule indécis, sans que nos tirailleurs, gagnant par moments du terrain, puis se repliant subitement, semblent faire des progrès sérieux.

A neuf heures, une batterie prussienne établie au Réservoir, entre Sceaux et Bourg-la-Reine, se met à répondre vigoureusement au feu de notre artillerie, qui paraît l'inquiéter fort. Les obus, lancés méthodiquement, par salves de deux, trois ou quatre à la fois, viennent tomber sur nos postes, mais un grand nombre s'enfoncent en terre sans éclater. Cet étrange bombardement, qui dure pendant une heure, fait beaucoup de bruit, sans causer, Dieu merci, aucun mal dans le bataillon. Néanmoins, deux gardes nationaux mobilisés sont frappés mortellement et trois autres sont blessés par un projectile, qui va se perdre dans l'une des tranchées les plus éloignées de la batterie ennemie.

Cependant, le combat continue sans résultat précis. Soutenus par le fort de Montrouge et la redoute des Hautes-Bruyères, qui tirent sans relâche, nos soldats se sont élancés sur la Gare-aux-Bœufs, devant Choisy-le-Roi, et ont progressé dans l'Hay. Mais une forte colonne d'infanterie prussienne, accourue vers dix heures, sans que notre artillerie ait tenté de désorganiser ses rangs, se met en œuvre aussitôt et dirige sur le village une fusillade terrible. Devant ces troupes de renfort, les Français, en toute hâte, doivent abandonner la place, et, courant par les chemins, ils escaladent les Hautes-Bruyères, où, tant bien que mal, se reforment les bataillons des régiments engagés : les 109e et 110e de ligne, de la brigade Valentin, appuyés des mobiles du Finistère.

L'affaire est terminée, d'ailleurs; l'ordre de retraite est donné, et les Prussiens eux-mêmes cessent le feu. Les fanions de la Convention de Genève, précédant les civières, apparaissent alors de tous côtés, et bientôt, sur le théâtre de l'action, les ambulanciers s'acquittent de leur tâche douloureuse, — car cet effort énergique nous coûte malheureusement neuf cent quatre-vingts hommes et trente officiers.

Effort inutile pourtant, énergie déployée en pure perte. La fatalité, semble-t-il, s'acharne à détruire toutes les combinaisons de l'armée française. C'est ce jour-là, 29 novembre, que le général Ducrot, prêt enfin pour la grande attaque à laquelle, depuis quatre semaines, travaillait en secret le Gouvernement, devait passer la Marne, dans la boucle de la rivière qui s'étend de Joinville-le-Pont à Bry. Pour favoriser l'action principale, des diversions importantes étaient décidées sur différents points.

Nous avons vu le général Vinoy attaquer l'Hay au sud; l'amiral La Roncière avait ordre de marcher au nord sur Épinay; le contre-amiral Saisset était chargé, avec ses marins et sa puissante artillerie, d'occuper solidement à l'est le plateau d'Avron. Mais une crue subite de la Marne n'ayant pas permis à temps, par suite de la rapidité du courant, de construire les ponts et d'assurer le passage, on fut obligé de remettre au lendemain l'opération.

Par malheur on oublia, — ou on le fit trop tard, — de contre-mander les démonstrations secondaires; et ces fausses attaques non seulement furent sans profit, mais encore donnèrent l'éveil aux Allemands, qui eurent ainsi vingt-quatre heures de répit pour renforcer les lignes de la division wurtembergeoise et se préparer à la résistance.

Après l'affaire de l'Hay, les mobiles reviennent à leurs cantonnements. Ils sont fatigués, et ils ont faim surtout. Ils croient au moins pouvoir se reposer quelque peu. Mais, dans l'après-midi, ordre est donné au bataillon de se porter, certaines compagnies vers la route d'Orléans, les autres vers Arcueil-Cachan, où l'on assiste au retour des blessés. Ce spectacle impressionne plus que le combat lui-même, car il y a des épisodes navrants. Dans une civière, par exemple, un jeune fantassin breton, dont une balle a fracturé la rotule, chante à gorge pleine un air de son pays. Mais le malheureux a une figure de trépassé, et ne peut répondre même à ceux qui s'intéressent à sa blessure : c'est un accès de délire qui le transporte vers sa Bretagne et rappelle à sa mémoire les paroles d'une vieille mélopée celtique·

La nuit se passe derrière les murs de Cachan, et il faut renoncer au sommeil. Dès le matin, on est assourdi par tous les forts qui tonnent avec violence et par une fusillade épouvantable qui retentit à gauche. C'est, évidemment, la grande bataille qui commence, et dont l'engagement de la veille n'a été qu'un insignifiant prélude.

Vers midi, le bruit se répand que le général Ducrot a franchi la Marne. L'anxiété grandit jusqu'au soir. Mais le canon se tait, sans qu'on sache si le combat nous a été favorable. Et toute la nuit encore, sous la gelée qui pique âprement, on reste en faction au village de Cachan ou dans les environs, soit dans la propriété de Raspail, soit au moulin de la localité, vaste bâtiment entouré, à gauche, par la Bièvre, en avant par un terrain marécageux, et à droite par une étroite chaussée.

*
* *

Ce qui vient de se passer le 30 novembre, on ne tarde pas à l'apprendre. Pendant que l'action principale se déroule à Champigny, à Villiers et à Cœuilly, le général Susbielle livre un combat sanglant à Montmesly, — où le général Trochu apparaît un moment, — et y met cinq cents Allemands hors de combat, perdant lui-même douze cents hommes, dont cent trente morts.

A droite, sans agir de concert et sans être prévenu, le général Vinoy dirige une diversion au sud, sur Thiais et Choisy-le-Roi, enlève, puis évacue la Gare-aux-Bœufs, et laisse là une centaine d'hommes sur le terrain. — Au nord, les troupes de Saint-Denis s'emparent d'Épinay.

Quant à l'armée du général Ducrot, le 1er corps, parti de Joinville, emporte vigoureusement Champigny, et appuyé du 2e corps, qui a franchi la Marne à hauteur du viaduc de Nogent, occupe en arrière toute la crête du plateau. Mais les Allemands, — Wurtembergeois et Saxons, — refoulés dans les parcs de Villiers et de Cœuilly, s'y fortifient, et de onze heures du matin à trois heures du soir, résistent à tous nos assauts.

Le 3e corps qui, sous les ordres du général d'Exéa, devait passer par Neuilly-sur-Marne et prendre Villiers à revers, ne se montre pas pendant que se répètent ces efforts héroïques, alors que son entrée en scène, impatiemment attendue, eût déterminé la retraite de l'ennemi. Par suite d'un retard inexplicable, il ne jette les ponts sur la rivière qu'à deux heures, puis, se trompant de direction, marche sur Bry au lieu d'aller sur Noisy-le-Grand; — et quand, à quatre heures seulement, la division Carrey de Bellemare attaque Villiers au nord, nos deux premiers corps sont trop épuisés pour prolonger la lutte.

La nuit tombe d'ailleurs et interrompt le combat, laissant en présence les deux armées. Nous restons maîtres de Champigny et de Bry et nous gardons le haut du plateau. Les Allemands, de leur côté, continuent d'occuper Villiers et Cœuilly. Ils ont deux mille hommes environ hors de combat; nous en perdons le double, et le brave commandant du 2e corps — celui qu'en Afrique, toujours le dernier à reculer, on appelait « Renault l'arrière-garde » — est mortellement blessé.

Le lendemain, 1er décembre, après une nuit exceptionnellement rigoureuse, une trêve établie tacitement d'abord, puis ratifiée entre les deux armées, qui ni l'une ni l'autre ne semblent soucieuses de prendre l'offensive, permet de relever les blessés et d'enterrer les morts. Nos troupes se reconstituent et reçoivent des approvisionnements et des munitions. Les Allemands concentrent leurs forces, pour nous opposer 75 000 hommes à la reprise du combat.

Le froid, pendant la nuit, sévit, plus mortel encore, avec une âpreté de dix degrés au-dessous de zéro, et funèbrement anéantit les soldats, corps et âme, d'une prostration complète.

Le 2, sous le commandement en chef du général de Fransecky, l'ennemi reprend l'attaque sur toute la ligne. A gauche, notre armée soutient victorieusement le choc du prince de Saxe, qui cherche à la culbuter dans la Marne, et se maintient à Bry dans la plupart de ses positions. A droite, les Poméraniens et les Wurtembergeois livrent un assaut furieux à Champigny, que nos régiments, surpris, ont laissé envahir à demi dans un moment de panique, et qu'un vigoureux retour offensif leur a bientôt rendu. Au centre, l'artillerie de réserve, faisant rage de toutes ses pièces, oblige les Allemands à reculer jusqu'à Villiers.

Le général Ducrot, monté sur un cheval blanc, se multiplie à travers les bataillons et s'expose crânement aux balles pour exciter les tirailleurs, ayant à cœur, comme il l'a juré dans sa proclamation aux Parisiens, de ne rentrer que « mort ou victorieux ». Le général Trochu, venu en soldat, et insouciant aussi de la mitraille, se promène lui-même sous le feu, donnant aux hommes et aux officiers l'exemple vaillant du devoir militaire et patriotique.

Il faudrait peu de chose, en vérité, pour que la victoire nous restât :

il suffirait que la bravoure tenace du troupier fût secondée par l'esprit de discipline et d'initiative des chefs. Mais le général Carrey de Bellemare, qui a repassé la Marne sans l'ordre de Ducrot, met sept heures pour venir du rond-point de Plaisance, et sa division n'entre en ligne qu'à la fin de l'action, quand les forts seuls résonnent encore.

D'autre part, quand l'ennemi bombarde Champigny de quatre-vingts canons, que le village, assailli à maintes reprises, est la proie des flammes et que les maisons croulent dans une crépitation sinistre, la puissante et nombreuse artillerie du général Favé, parquée dans la presqu'île de Saint-Maur, reste muette et quitte même, sans que rien ne le justifie, prématurément la place.

Bien que les circonstances et l'incohérence de certains commandements se liguent ainsi contre nous, les Allemands doivent renoncer à l'offensive. Partout ils se sont heurtés en vain à l'énergie héroïque de nos troupes ; de tous côtés, ils ont été repoussés, — et le feu cesse, à quatre heures, sans qu'ils aient pu enlever une seule de nos positions.

Mais, de nouveau, la nuit glaciale étreint de ses rigueurs notre malheureuse armée. Dans les ténèbres épaisses du bivouac, sur les plateaux ensanglantés, où gémissent les blessés, où râlent les mourants, on est désormais démoralisé, à bout de force et de courage. — Et le 3 décembre, dans la matinée, le général Ducrot, après avoir constaté l'état lamentable de ses soldats, éprouvés par le froid autant que par les fatigues de la lutte, se décide à les ramener sur la rive droite de la Marne.

Commencée à midi, par un brouillard intense, la retraite s'opère avec un ordre parfait, et n'est marquée que par des engagements sans importance. Car les Allemands, épuisés eux-mêmes par ces trois jours d'effroyable mêlée, où leurs pertes atteignent 6000 hommes, ne cherchent pas à poursuivre nos troupes. — Et celles-ci, exténuées, rentrent lugubrement à Paris, vers huit heures du soir, laissant près de 10 000 des nôtres, tués, blessés ou disparus, sur le champ de cette terrible bataille, aussi meurtrière que stérile.... Pourtant, si aucun résultat favorable n'est atteint, la sortie démontre du moins que la jeune armée de Paris est douée d'une puissante résistance, d'une ardeur vaillante, et que, si une armée de province s'approche des murs de la capitale, elle est en mesure de lui tendre efficacement la main.

Mais en province, hélas ! le jour même de la bataille de Champigny,

5

l'armée de la Loire était battue à Loigny par les troupes du prince
Frédéric-Charles, et, le 4 décembre, Orléans retombait au pouvoir des
Allemands.

. .

La garde avait été dure, à Cachan, pendant la nuit du 30, pour les
hommes du 3e bataillon. Une compagnie, placée en réserve, s'était
blottie, derrière le moulin, dans des trous profonds creusés le long
d'un talus. Le commandant Blot, toujours sur pied, avait dîné dans la
chambre du meunier, la seule pièce à peu près close du bâtiment. Dans
les autres locaux, ouverts à tous les vents, les hommes s'étaient étendus à terre, roulés dans leurs couvertures. Anéantis de fatigue et
livrés au plus lourd sommeil, beaucoup ne s'aperçurent même pas
qu'ils restaient assoupis dans un bain glacial : la Bièvre, en effet, était
pleine à déborder, et une vanne en amont ayant été levée par mégarde,
les salles basses du moulin avaient été subitement inondées.

Le 2 décembre, après avoir repris possession des cantonnements,
une alerte survient au moment de la soupe, vers onze heures, et il
faut partir précipitamment pour la Grange-Ory, où l'on reste jusqu'à
huit heures du soir, par un temps de plus en plus rigoureux.

Le 5, les différentes compagnies font une dernière garde sur les
mêmes emplacements ; et le 6 au matin, en rentrant à Montrouge, on
apprend, avec une désagréable surprise, que le régiment part à
dix heures pour Vincennes.

C'est à regret qu'on s'en va, bien que, depuis un mois, on soit
assujetti aux avant-postes à un service pénible. Mais on s'y intéressait,
on avait approprié l'installation des locaux, et on s'était créé là une
existence supportable. Ailleurs, il en sera peut-être autrement, car les
tentes forment le principal bagage qu'il est prescrit d'emporter, et
l'on craint d'avoir à les utiliser à brève échéance.

Les mobiles de Saône-et-Loire, qui remplacent à Montrouge le
60e régiment, vont profiter des améliorations qui ont été réalisées en
ce lieu, soit par le génie qui a établi des casemates dans les tranchées,
soit par les hommes eux-mêmes qui ont dressé à divers endroits des
abris confortables, pourvus de chaises et de cheminées, pour se garantir du froid, de la pluie ou du vent.

IV

De Vincennes à Bobigny et à Pantin.

Parti de Montrouge le 6 décembre, vers dix heures du matin, avec quatre jours de vivres, le 60ᵉ régiment traverse Paris sans encombre, — mais non sans la tentation chez quelques gardes d'y faire ample libation, — et il n'arrive qu'après cinq heures de marche au plateau de Gravelle.

A Vincennes, le 5ᵉ bataillon a pour quartier le camp de Saint-Maur. On met à sa disposition des baraques dont la toiture est disjointe, et où le vent, la pluie et la neige se donnent tour à tour libre carrière. Les officiers, comme les hommes, couchent sur la planche; leur habitation ne diffère des autres que par sa division en plusieurs compartiments; aucun appareil ne permet d'y entretenir du feu.

La température cependant est devenue sibérienne, et, pour se dégourdir, on allume en plein air des braseros immenses, alimentés par les arbres du bois, impitoyablement sacrifiés. La persistance du mauvais temps fait décider toutefois l'achat de poêles pour le chauffage des baraques. Puis on pourvoit chaque homme de sabots, de gros gants, de bonnets de coton; on donne aussi quelques passe-montagnes pour les factionnaires. Tout cet équipement n'est certes pas gracieux, mais il est fort utile; et, ce qui ne l'est pas moins, c'est une distribution de couvertures blanches qui viennent remédier à l'insuffisance de la seule qu'on possède.

L'ordinaire de la troupe n'est pas abondant; on est obligé de vivre chichement, mais on pourchasse sans merci les chiens, les chats, même les rats, et les ragoûts que procure ce gibier hétéroclite augmentent parfois la ration. On va prélever aussi des biftecks sur les cadavres des chevaux qui gisent dans la plaine ou au champ de courses, bien qu'un ordre du général commandant en chef le défende expressément : un certain nombre de ces animaux, que par mesure de prudence et de salubrité il eût fallu enfouir, ont été, en effet, abattus pour cause de morve, et cette maladie contagieuse, on ne l'ignore pas, est transmissible à l'homme.

A Saint-Maur, il n'y a pas de grand'gardes et la vie y est fort monotone. La brigade du général de la Mariouse se repose là des combats de Champigny, auxquels le 55e et le 42e de ligne ont pris une part vaillante, mais qui leur a coûté cher.

Les jours sont employés à l'instruction militaire, à des théories sur le service en campagne, sur les marques extérieures de respect, à des promenades aux alentours. Quand le temps permet de manœuvrer, on reprend et on fortifie les exercices de l'école de bataillon, de l'école de tirailleurs ; on fait deux fois au polygone, le 11 et le 17, l'école de régiment.

Mais alternativement, il pleut, il neige, il gèle ; les baraques sont à peine habitables, et on les fuit, lorsque rien ne vous y retient, pour aller patiner sur le lac, errer dans le bois, déambuler à travers les rues mornes de Vincennes, — ou encore fendre des arbres à coup de hache et, devant les brasiers fumeux, cuisiner quelque maigre plat.

Ce désœuvrement forcé ne va pas sans inconvénients, d'autant plus que les hommes, laissés à eux-mêmes, se trouvent en contact avec quelques fauteurs de désordre qui ne craignent pas de leur faire entendre des paroles séditieuses. Aussi, dès le 8 décembre, le lieutenant-colonel Rincheval se voit-il obligé, dans un ordre à son régiment, de mettre les mobiles en garde contre ceux qui tentent criminellement de désorganiser la troupe, et de les rappeler, d'une façon catégorique, au sentiment du devoir.

« J'ai été, leur dit-il, péniblement surpris d'apprendre que l'excellent esprit, dont vous avez été animés jusqu'à ce jour, s'est sensiblement affaibli depuis notre arrivée au camp de Saint-Maur.

« Des hommes indisciplinés ou découragés se sont introduits dans vos rangs et ont essayé de faire pénétrer parmi vous le découragement et l'indiscipline.

« Vous auriez dû remarquer que ces hommes ne sont que de rares exceptions, puisqu'ils appartiennent à des régiments qui se sont énergiquement et courageusement battus dans les journées du 50 novembre et du 2 décembre.

« Vous repousserez donc ces idées malsaines, et vous resterez fidèles à l'honneur, à la discipline et à la voix de vos chefs.

« Je vous trouverai sur le champ de bataille, si nous y sommes appelés un jour, courageux, fermes, et dignes de l'espérance que vous avez donnée par votre excellente attitude militaire, dans les misères et les fatigues que vous avez déjà supportées.

« Pénétré de cette conviction profonde, je compte sur vous comme vous pouvez compter sur moi. »

Est-il besoin d'ajouter qu'au 60e régiment on ne resta pas sourd à cet appel et qu'on y reprit vite, sous l'action vigilante et persuasive des officiers, la saine tradition de l'esprit de corps le plus parfait?

Vers le 16, les capitaines Brincard, Cabuzet et Burthe d'Annelet sont mandés chez le général Ducrot pour fournir des renseignements sur la région nord de Paris, en particulier sur les cantons de Gonesse, Écouen, Montmorency; et il est décidé que des guides connaissant exactement les lieux vont être mis à la disposition du général commandant en chef. — Le sergent-major Frapart et les mobiles Lamotte et Soissons, désignés pour cette mission et détachés provisoirement à la compagnie des éclaireurs de l'état-major, ne seront renvoyés à leur corps que le 1er janvier.

Le 18, on distribue des vivres pour six jours, ce qui donne lieu à des prévisions de combat; et le 20, sac au dos, le régiment quitte Vincennes pour une destination tout d'abord inconnue. On projette, paraît-il, de faire une trouée dans les rangs ennemis ; le 5e bataillon, en raison de sa connaissance du pays, doit prendre la tête, et ordre lui est transmis de n'emporter que le strict nécessaire.

A quatre heures, on s'arrête derrière le fort de Noisy et, par un temps affreux, on campe là dans une vaste plaine. Les tentes sont dressées dans une boue épaisse, où les hommes s'étendent, roulés dans leur couverture ; mais la nuit est glaciale, et l'on se réveille, au matin, sur la terre gelée. Ce sont les jours calamiteux, l'âpre misère, les dures souffrances qui commencent. — L'hiver maintenant apparaît dans toute sa rigueur, le froid devient intense ; et, pendant trois ou quatre semaines, on va subir sans répit les plus cruelles atteintes des frimas.

* *

Dès l'aube, ce jour-là, les mouvements de troupe indiquent suffisamment qu'une action est imminente. Bientôt, d'ailleurs, la voix grondante du canon annonce le début de la bataille. C'est la seconde affaire du Bourget, que le général Trochu a décidée, contre son gré, pour donner satisfaction à la fièvre « obsidionale » qui tourmente Paris et surexcite son patriotisme, son ardeur belliqueuse, son envie téméraire de se mesurer avec les Allemands et de rompre enfin leur ligne d'investissement.

Sérieusement préparée par l'artillerie, l'attaque est dirigée par l'amiral La Roncière le Noury, qui lance deux brigades sur le village. Celle du général Lamothe-Thenet réussit, au pas de course, à s'emparer du cimetière et, malgré la résistance énergique de l'ennemi, de toute la partie nord-ouest du Bourget. L'autre, que commande le général Lavoignet, est moins heureuse au sud et ne peut dépasser les premières maisons, barricadées et solidement fortifiées.

De tous côtés, les batteries allemandes ont, du reste, ouvert le feu, et de nombreux bataillons, accourus de Pont-Iblon, sont venus renforcer les Prussiens. De plus, la fatalité s'en mêle, — et du fort d'Aubervilliers, de Drancy, les projectiles de notre artillerie tombent sur nos propres troupes et écrasent nos marins. Vers trois heures, le cimetière, héroïquement défendu par nos compagnies, nous est repris à la suite d'un assaut furieux : il faut abandonner le village et se reporter en arrière.

A gauche, le général Ducrot, qui doit marcher en avant dès la prise du Bourget, esquisse à peine son mouvement, qu'il suspend à midi sur un ordre de Trochu. Un détachement même, qui s'est avancé par Stains, est prévenu de ne pas s'engager à fond et doit rompre le combat très vif qu'il soutient contre les Allemands.

A droite, la division Carrey de Bellemare, après avoir enlevé les villages de Bondy et de Drancy, revient dans la soirée, lorsque l'échec du centre lui est connu, occuper ses positions du matin.

De son côté, le général Vinoy, appuyé par les feux du plateau d'Avron, fait en même temps, à l'est, une diversion importante vers Neuilly-sur-Marne et Ville-Evrard, et parvient à s'emparer de ces deux points. Mais les Saxons, pendant la nuit, reprennent Ville-Evrard, tuent là le général Blaise, et nous font six cents prisonniers.

Cette journée nous coûte un millier d'hommes, sans qu'une bataille sérieuse ait été livrée; l'ennemi s'est borné à canonner vigoureusement nos positions et à renforcer partout ses détachements menacés:

Le 60e régiment de mobiles, qui, dès cinq heures du matin, s'était mis en marche dans la direction de Bobigny, avait traversé la Folie, aux maisons ravagées d'obus, et par la route encombrée de voitures d'ambulances, de cacolets, de brancards, avait débouché sur le lieu de l'action et pris position derrière l'artillerie. Toute la journée immobile et grelottant, il reste sous les armes : les gardes ne capturent

FOURCHON
Capitaine de la 8e.

E. MILLET
Sous-Lieutenant de la 8e.

MONTAGNAC
Capitaine Adjudant-Major
(8e compagnie).

qu'un lièvre fourvoyé et quelques perdreaux effarés qui se sont abattus dans leurs rangs.

Un moment cependant, au plus fort de la canonnade, on croit qu'il va falloir donner. L'aide de camp du général de la Mariouse, commandant la brigade, passe en effet sur le front des compagnies, en criant de toute sa voix : « Mettez les plastrons ! Soyez prêts à combattre!... »

Et les hommes s'empressent d'enlever du sac le campement et de « se plastronner », — opération qui consiste à plier ensemble la toile de tente et la couverture, et à fixer sur la poitrine le tablier ainsi formé en le passant sous le ceinturon et en le suspendant au cou avec une courroie. Comme

J. PONSIN
Sergent-Major de la 8e (5e).

préservatif réellement efficace contre les balles, le plastron est sans doute d'une utilité contestable. Mais il inspire confiance aux soldats, et l'effet moral que produit sur de jeunes troupes cette cuirasse improvisée est pleinement atteint.

Aussi bien, en ce moment, le plastron ne doit-il servir qu'à réchauffer les mains glacées des mobiles, car les fortes réserves qu'ils constituent, avec les gardes nationaux mobilisés, restent l'arme au pied, sans être engagées, pendant que les marins, avec une opiniâtreté héroïque, se font décimer au village.

Vers quatre heures, on se met enfin en mouvement pour aller, devant le Bourget, creuser une tranchée où les soldats de la ligne prennent position en cas d'attaque nocturne. Puis on revient, à huit heures, derrière la ferme du Petit-Drancy, dans la plaine où souffle un vent glacial; et la tente où l'on s'abrite ne peut vous garantir, quoi qu'on fasse, d'un froid de plus en plus sibérien.

Bien des hommes regrettent alors de s'être débarrassés, en prévision du combat, des objets lourds qu'ils portaient, haches, scies, pelles et pioches, ustensiles de cuisine : ceux-là, s'ils veulent allumer du feu, n'ont que la baïonnette pour couper quelques morceaux de bois vert.

Mais on s'entr'aide, et de l'un à l'autre on se prête la plus franche assistance; les robustes se dévouent pour secourir les faibles. Au 2ᵉ bataillon, par exemple, le sergent-major Lohy, de la 6ᵉ compagnie, exténué de fatigue et de faim, tombe le soir dans une tranchée où, engourdi par le froid, il va infailliblement périr. Son camarade Sarazin, sergent-fourrier à la 8ᵉ compagnie, l'ayant aperçu presque sans connaissance, le prend sur son dos, le transporte, à plus de cinq cents mètres de là, auprès d'un feu de bivouac, et lui prodigue pendant une heure des soins qui le rappellent à la vie.

Quelle horrible nuit, et combien il tarde aux hommes de la voir s'achever! Tous ne se réveillent pas, malheureusement : quand le jour paraît, on trouve gelés, sous les tentes, cinq fantassins et trois mobiles.

Le 22, de grand matin, on se place en colonnes sur le lieu de campement, et jusqu'au soir, attendant des ordres, on y grelotte dans l'inaction. On se porte ensuite sur la route des Petits-Ponts, en face de Bobigny. Mais la terre est si dure qu'on ne peut y enfoncer les piquets, et, dans l'impossibilité de dresser les tentes, il faut, pour la nuit, se peloter les uns contre les autres dans la tranchée qui longe cette route.

Le lendemain, on avance jusqu'à hauteur de la ferme du Petit-Drancy, et pendant plusieurs jours on reste là en permanence, à demi dissimulés dans des tranchées précédemment ouvertes, sans autres abris que des cahutes informes, faites de toiles, de branchages, de portes et de fenêtres arrachées aux maisons du village, et qu'un vent épouvantable menace à tout instant d'emporter.

Et dans la plaine, sillonnée d'obus allemands, encore couverte de cadavres, où les troupes se pressent misérablement autour des brasiers fumants, le froid persiste avec une intensité désespérante et poursuit nos soldats de ses rigueurs impitoyables. Le thermomètre s'abaisse à quinze degrés centigrades, les tonneaux de vin deviennent des blocs de glace, le pain ne peut être rompu qu'à coups de hache. Des centaines d'hommes, en grand'garde ou travaillant de la pioche aux tranchées, ont les membres gelés et doivent être chaque jour ramenés aux cantonnements. D'autres, nombreux aussi, atteints de dysenterie, partent à tout moment pour l'ambulance.

C'est dans ces conditions lamentables que les mobiles du 5e bataillon passent la nuit de Noël, terrible entre toutes. Quelques-uns, ranimés d'une énergie factice par l'absorption d'un verre de punch ou d'une tasse de thé chaud, que distribuent des personnes charitables circulant en voiture, veulent quand même, comme un défi à l'âpreté du destin, entonner le cantique traditionnel. Mais, c'est en vain qu'ils s'efforcent d'émettre une note : de leur gorge, étreinte par l'enrouement, c'est un sanglot qui s'exhale, plutôt qu'un chant qui se traduit.

Et il n'en peut être autrement, car ces malheureux troupiers endurent des souffrances véritablement surhumaines. Étendus par terre, entassés dans les tranchées remplies de neige, recroquevillés sur eux-mêmes, engourdis par la bise qui les enveloppe de son souffle mortel, on dirait, en les voyant, un amoncellement lugubre de cadavres auxquels une mince couverture, garantissant à peine la moitié du corps, servirait d'insuffisant linceul. Ce n'est que par intermittences qu'ils peuvent sommeiller, en se mettant les pieds à proximité du feu : dès qu'ils commencent à s'endormir, le froid les saisit avec plus de violence encore, les réveille brusquement, et d'heure en heure il leur faut se lever, marcher, battre la semelle, pour rétablir la circulation du sang. Tous les matins, un long cortège de malades, pâles et chancelants, les membres raidis, les jambes ankylosées, vont chercher à l'hôpital un peu de chaleur et de repos. Les visages qui, depuis longtemps, ne connaissent plus ni l'eau ni les éponges, sont marbrés de salissures, et les yeux pleurent autant du vent glacé que de la fumée cuisante du bois vert.

L'inaction, la désolation du paysage, le ciel continuellement gris et terne ajoutent à l'horreur de la situation et plongent l'âme dans une indéfinissable torpeur. Il faut faire effort même contre sa mélancolie pour préparer la soupe, — la seule nourriture qui réconforte quelque peu, — et le courage manque parfois pour aller, à deux kilomètres du bivouac, s'approvisionner de fagots à la plâtrière de Bobigny. Bien que, d'ailleurs, il y en ait là un stock de 70 à 80 000, ces fagots disparaissent en quatre ou cinq jours, emportés par les hommes de tous les régiments.

Quand le 26, enfin, le général Trochu donne l'ordre aux troupes de reprendre leurs cantonnements, le 60ᵉ régiment a la mauvaise chance d'être envoyé au village même de Bobigny, où les mobiles doivent encore coucher en plein air.

Ce n'est point, on le conçoit, sans un vif mécontentement qu'ils installent leur campement. Le sol est gelé à cinquante centimètres de profondeur, et, comme dans l'horrible plaine qu'on vient de quitter, les pioches et les pelles, avec quelque vigueur qu'on en use, ne peuvent rien contre la dureté de la terre. Cependant, plutôt mal que bien, on organise de grandes tentes, qu'on s'efforce de clore le mieux possible, et qu'on garnit avec le fumier utilisé des maraîchers : grâce à cette litière, on peut au moins s'allonger, et c'est une amélioration goûtée, puisque, les jours précédents, il fallait dormir assis et s'accroupir dans la neige.

.·.

Le lendemain matin, à huit heures, une canonnade épouvantable éclate; et les mobiles ne regrettent plus alors d'avoir quitté leurs gourbis, car la plaine de Drancy est labourée par une grêle d'obus.

C'est le bombardement de Paris qui commence. C'est aussi la barbarie de l'Allemagne qui s'affirme devant le monde civilisé, et dont Bismarck ne craint pas de revendiquer la flétrissante responsabilité.

La veille, le général Vinoy, établi sur le plateau d'Avron avec soixante-douze pièces d'artillerie, avait fait détruire par trois bataillons, pour se garantir d'une surprise, les murs du parc de la Maison-Blanche. Mais il n'a pu, sur le sol durci, poursuivre la construction d'abris suffisants pour son armée; et la position devient intenable quand, le 27, avec soixante-seize canons du plus gros calibre, l'ennemi ouvre à la fois, du Raincy, de Gagny, de Gournay et de Noisy-le-Grand, distants de 2300 à 4800 mètres, un feu formidable sur le pla-

7ᵉ COMPAGNIE (2ᵉ)

COTTREAU	C. FRANÇOIS	LAFFON
Lieutenant.	Sous-Lieutenant.	Capitaine.

teau et sur les forts de l'est, Noisy, Rosny et Nogent. Dans la nuit du
28 au 29. Avron doit être évacué, avec le plus grand ordre du reste.

Puis, pendant vingt-trois jours, presque sans interruption, les Allemands, qui entourent Paris de 250 000 hommes environ, fantassins et
cavaliers, et de neuf cents pièces de puissante artillerie, vont conti-
nuer leur œuvre de destruction.

Le 5 janvier, seize batteries tonnent à leur tour, de la butte de
Brimborion, de la terrasse de Meudon, des hauteurs de Clamart, de
Châtillon, de Fontenay-aux-Roses, contre les forts du sud, Issy.
Vanves, Montrouge, défendus par nos marins avec une si vaillante
énergie que ces forts sont encore en parfait état de résistance au
moment de la capitulation.

Le 21, Saint-Denis et le front nord sont assaillis eux-mêmes par les
feux de treize batteries.

Dans la ville, deux à trois cents obus pleuvent chaque jour çà et
là, et l'esprit de vandalisme de l'ennemi dirige les coups, de préférence, sur les monuments publics, les bibliothèques, les musées, les
écoles, les églises, les hôpitaux, le cimetière Montparnasse.

Mais Paris, stupéfait d'abord, se montre insouciant bientôt à ce
bombardement et le nargue même. Paris rationné, réduit au pain de
siège et à la viande de cheval, ne change rien à ses habitudes : il
garde sa physionomie boulevardière, sa foi indomptable, son entête-
ment héroïque. — Et s'il doit être brûlé, comme on le souhaite au delà
du Rhin avec une joie sauvage, il disparaîtra, foyer du monde et de
la civilisation, dans la fierté de son attitude et la grandeur de son
âme française !...

A Bobigny, les mobiles montent la garde dans les tranchées. Mais
les Prussiens du Bourget sont tracassiers et beaucoup moins trai-
tables que les Bavarois de Bagneux et de Bourg-la-Reine. Ils ont des
fusils de rempart à longue portée, et ils ne ménagent pas nos sentinelles avancées quand elles se montrent, ni les hommes surtout qui
se hasardent encore à glaner sur le sol les rares oignons que la gelée
a épargnés.

Dans la nuit du 51 décembre, une alerte assez vive met tout le
monde sur pied. Une batterie prussienne vient de se démasquer

devant Bobigny, et le village semble sur le point d'être bombardé. Vers deux heures du matin, on fait les sacs et on prend les armes. Puis, sous la direction des officiers, chacun participe avec ardeur à l'établissement d'abris protecteurs; on pioche la terre d'une manière presque frénétique, et, malgré son excessive dureté, on parvient à creuser un fossé derrière les murs les plus exposés aux projectiles. Mais l'inutilité de ces travaux ne tarde pas à être démontrée; la batterie ennemie est éloignée, et les obus qu'elle lance n'atteignent pas la position. Quoi qu'il en soit, c'est sous les armes, en soldats par conséquent, que les mobiles du 60e régiment passent la dernière nuit de 1870.

Le 1er janvier est un des plus mauvais jours du siège; le froid sévit avec plus de rigueur encore, et tout le monde est plongé dans une prostration complète. On pense d'ailleurs à sa famille, aux êtres qui vous sont chers et dont les nouvelles font défaut, car depuis une quinzaine l'âpreté du temps a mis obstacle aux voyages des pigeons. Ce n'est pas, comme les années précédentes, dans la joie et la gaieté, au sein du foyer domestique, que s'écoule cette journée des sourires et des souhaits : c'est dans le deuil et l'angoisse, avec une morne tristesse au cœur.

Les souffrances de tout genre, les fatigues et les nuits d'insomnie ont décimé le bataillon, dont on était si fier, et qui s'en va par lambeaux vers Paris, en convois incessants de fiévreux et de malades. Les compagnies se trouvent réduites en moyenne d'un tiers; les hommes les plus robustes ont pu seuls résister, et encore ne semblent-ils être que les ombres d'eux-mêmes.

Et cependant, blottis dans les tranchées, accroupis au fond des casemates, agités d'un frisson glacial, les mobiles griffonnent hâtivement des lettres de nouvel an que le premier ballon, par delà les lignes prussiennes, emportera vers les parents et les amis, avec les témoignages d'une affection constante et les vœux les plus ardents pour le relèvement de la Patrie.

Comme étrennes, ce jour-là, les officiers reçoivent à la distribution des vivres de copieuses portions de chester. Du fromage, par ce temps de disette, c'est un régal auquel on ne s'attendait guère. Et il est d'autant plus goûté que, depuis longtemps, l'ordinaire ne peut offrir qu'une maigre ration de cheval, avec du pain noir et gluant, fait de riz, de chènevis, de paille et d'avoine, mais d'une quantité infinitésimale de froment.

Le 2 janvier, un incident pénible pour tout le bataillon se produit, au sujet de l'installation des hommes dans les tentes et les casemates dressées à l'intersection des routes de Bobigny et de Drancy. Le général de la Mariouse, en passant, se montre peu satisfait de voir qu'on se soit établi là dans une sorte de cantonnement, plutôt que de bivouaquer purement et simplement, comme il en avait donné l'ordre, et que certains officiers, délaissant le képi dans leur service, soient encapuchonnés d'un passe-montagne. Le commandant Blot lui répond, avec quelque vivacité, qu'il cherche à atténuer les souffrances de ses soldats qui, depuis trois semaines, couchent dans les tranchées, et que sa conscience ne lui reproche pas de leur procurer un peu de bien-être, de les garantir autant que possible des atteintes rigoureuses de la température. Mais le général ne veut pas l'écouter : il le blâme durement d'avoir enfreint ses instructions, en laissant construire des abris, et il lui inflige quinze jours d'arrêts.

La punition, qui frappe ainsi, en temps de guerre, un brave et excellent officier, paraît cruelle, et il semble, en la circonstance, qu'elle ne soit nullement méritée. Mais la discipline militaire ne permet aucune protestation, et le commandant Blot, pendant la durée de ses arrêts, est remplacé à la tête du bataillon par le capitaine Brincard, de la 1re compagnie, faisant fonctions d'adjudant-major.

* *

Le 3 janvier, le régiment quitte enfin Bobigny et va cantonner à Pantin. Il était temps, en vérité, que les hommes fussent soustraits à l'atmosphère de glace dans laquelle ils vivaient depuis le 20 décembre : le froid et la dysenterie continuaient, en effet, d'exercer sur eux de terribles ravages, et d'un jour à l'autre les rangs devenaient de plus en plus clairsemés. Quelques chiffres, à cette date, peuvent notoirement le prouver : par exemple, la 5e compagnie ne compte que 114 présents, sur un effectif de 167 mobiles; la 6e n'en a que 99 sur 159; la 8e est diminuée de plus de moitié, et n'en accuse que 74 sur 160.

A Pantin, on loge dans des maisons malpropres et délabrées, dépourvues de meubles, pleines de paille pourrie et de détritus, sans vitres aux fenêtres et avec des seuls chambranles aux portes. Mais du moins un toit vous abrite ; on peut faire du feu dans les cheminées, jouir de la chaleur dont on avait tant besoin, se reposer sans que des rafales de neige viennent vous cingler le visage; et le régiment, cantonné dans la rue de Paris, côte à côte avec le 42e de ligne, se remet là peu à peu de la dure campagne de Drancy.

La ville, aussi bien, regorge de troupes; les chevaux et les piétons y jettent à toute heure une animation tumultueuse; artilleurs, fantassins, mobiles et gardes nationaux plus ou moins mobilisés se pressent et se coudoient dans les rues boueuses et infectes de ce faubourg, où les appels se font devant les logements mêmes, quelquefois avec le plastron pour que chacun s'habitue à le confectionner dextrement. Le canal de l'Ourcq, qui passe tout près, est entièrement gelé, et l'on peut, à son aise, y glisser ou s'y promener, quand le service des avant-postes ne vous réclame pas.

Sous la conduite d'un officier, des détachements de travailleurs, le fusil en bandoulière, vont à tour de rôle, à cinq ou six kilomètres de Pantin, élargir les tranchées qu'on a ouvertes en avant de la ferme de Drancy; des équipes de soixante hommes s'y succèdent de quatre heures en quatre heures, le jour comme la nuit. Mais ces travaux, que dirigent des ouvriers du génie, n'avancent guère, le sol étant dur comme un roc, et semblent d'ailleurs d'une utilité contestable. On ne s'y livre qu'à contre-cœur, avec de mauvais outils dans les mains; il faut des efforts inouïs pour extraire un bloc de terre, et quand la corvée est terminée, que les pelles et les pioches sont déposées, on revient, par la ligne protectrice des tranchées, garanti certes des feux de l'ennemi, mais courbaturé, harassé, et maugréant à la fois sur la tâche imposée et sur la longueur excessive du chemin.

À ce moment est transféré à Pantin le petit dépôt qui servait à remiser les fusils, l'équipement, les effets d'habillement, le matériel et les bagages du 5e bataillon. Resté à Montrouge jusqu'au 18 décembre et gardé par un détachement de vingt-quatre hommes de toutes les compagnies, que commandait le sous-lieutenant Loucheux, assisté du sergent Pigny et du caporal Hennocque, il avait été transporté le 19 à Paris, avec un effectif de quinze mobiles seulement. Revenu le 4 janvier auprès du bataillon, il y est maintenu sous les ordres du caporal Hennocque, avec une garde composée d'un certain nombre d'hommes convalescents.

Le 9 janvier[1], un ordre indigné du gouverneur de Paris, lu trois

1. Ce jour-là, le mot d'ordre était *Renaud*, le mot de ralliement *Rocroy*.

fois à la troupe assemblée sous les armes, impressionne vivement les mobiles du 60ᵉ régiment.

« Soldats, disait le général Trochu, dans la journée d'hier, un fait, qui soulèvera parmi vous la plus profonde indignation, s'est passé au pont d'Argenteuil. Deux officiers du 2ᵉ bataillon des gardes mobiles des Côtes-du-Nord, le lieutenant Le Merdy et le sous-lieutenant Le Vezouet, le sergent Cocard, le caporal Froadec, les gardes mobiles Outil, Guillot et Carré, enfin le sous-lieutenant Grenaud, des éclaireurs de la garde nationale, ont échangé avec l'ennemi, au moyen d'un bateau amené à dessein par celui-ci, des rapports à la suite desquels ils n'ont pas reparu.

« C'est vainement qu'on cherche à établir qu'ils ont été victimes de leur crédulité et d'une surprise habilement préparée. Leurs relations avec l'ennemi, qu'ils avaient mission de combattre, est un crime militaire irrémissible. Ils ont trahi leur devoir en même temps que leur pays.

« Je les déclare déserteurs à l'ennemi ; j'ordonne qu'ils soient poursuivis comme tels ; je les voue devant l'armée au déshonneur et à la honte. Ils trouveront, dès à présent, leur châtiment dans le récit qu'ils entendront des glorieux efforts qu'ont faits et des succès qu'ont obtenus les armées de la Loire et du Nord. »

Du 12 au 15 janvier, le régiment, où les malades sont moins nombreux et qui s'est à peu près reconstitué, est commandé de nouveau pour un service de grand'garde. Le temps est assez beau, le froid moins piquant. Mais la campagne est d'un aspect navrant. Le long des routes, dans l'immense plaine où se trouvent les avant-postes, on ne voit que troncs d'arbres mutilés, que maisons incendiées ou dévastées.

Bobigny n'est plus qu'une ruine : pas une habitation que les projectiles ennemis n'aient démolie, éventrée, percée de larges brèches. Tous les planchers ont été brûlés, et sur des pans de murs effondrés, les grosses poutres seules, trop difficiles à arracher, restent suspendues lamentablement. Dans l'église, où campent des soldats d'infanterie, il ne subsiste aucun vestige des bancs, des chaises, des autels, de la chaire, de tout ce qui pouvait alimenter les feux de la troupe.

Le cimetière a été transformé en redoute et les horreurs de la guerre s'y révèlent dans leur plus poignante réalité : il est coupé de tranchées au fond desquelles on piétine sur des ossements humains ; des croix sont brisées, les fleurs et les arbustes qu'entretiennent des mains pieuses jonchent le sol. Toutefois, en dehors des fossés creusés, les pierres tumulaires ont été respectées, et celles-là, protégeant les morts de la profanation qu'autorisent les nécessités de la défense, se dressent comme des spectres, couvertes encore de couronnes et de souvenirs funéraires, et font passer la nuit un frisson d'épouvante dans l'âme endurcie pourtant de nos troupiers.

On s'installe, près des tranchées qu'on doit garder et derrière des épaulements en terre garnis de pièces de 24, dans quelques baraques en bois, assez bien closes, mais sans poêles ni cheminées. On ne peut s'y préserver du froid qu'au moyen de brasiers qui dégagent une fumée presque asphyxiante, dont l'âcreté vous serre la gorge et vous tire les larmes des yeux. Un morceau de cheval grillé et de vieux biscuits d'approvisionnement y constituent la seule alimentation des hommes et des officiers.

La première journée se passe sans aucun incident, et la nuit n'est troublée que par des coups de fusil qui retentissent de temps à autre, sans persistance et sans qu'il y ait obligation d'être sur pied.

Le lendemain, les compagnies changent réciproquement de position, les unes quittant les baraques pour remplacer les autres dans les vastes bâtiments d'une ferme qui entourent une cour spacieuse et rectangulaire. Là, on est mieux ; avec les marteaux, les clous et le mastic dont on est muni depuis l'entrée en campagne, et en utilisant des toiles de tente, on s'ingénie à calfeutrer portes et fenêtres et à tirer commodément parti des locaux.

Tranquille pendant le jour, le bataillon de garde est mis en émoi, vers dix heures du soir, par une violente fusillade. On prend les armes en toute hâte, et sac au dos, dans la nuit noire, sous un grésil qui fouette à la figure, la troupe demeure immobile, tandis que les fantassins qui occupent Bobigny courent précipitamment aux avant-postes. Par trois fois le feu s'apaise, et à trois reprises il recommence de plus belle, accompagné de quelques coups de canon. — On comprend enfin que c'est une attaque des Prussiens contre la ligne de tranchées qui s'étend de la Courneuve à Drancy ; mais elle reste

vaine devant l'énergie de la riposte : sur aucun point nos soldats ne
cèdent le terrain, et ils ne reprennent possession de leurs cantonnements que quand l'ennemi, voyant l'inutilité de ses efforts, s'est décidé
lui-même à ne plus brûler de cartouches et à se retirer.

Depuis plusieurs jours, du reste, les Allemands s'acharnent à canonner Drancy avec une opiniâtreté vraiment inexplicable, car ce
village, comme celui de Bobigny, n'est qu'un monceau de décom-
bres, inhabitable et inhabité. L'ouvrage en terre que les artilleurs
prussiens prennent pour objectif, en avant du bourg, et qu'ils ba-
laient de leurs obus, n'est qu'une batterie inachevée et nullement
armée.

Le 16 janvier, le régiment est de retour à Pantin. Il gèle toujours,
mais la température est moins rigoureuse. On ne saurait cependant se
passer de feu, et le bois de chauffage est introuvable. Les propriétés
privées ont été dévastées, les jardins mis en coupes réglées, et dans
un rayon étendu autour de la ville, les maisons atteintes de projectiles
ont été dépouillées, par les fantassins et les mobiles qui s'en dispu-
taient les débris, de tout ce qui pouvait, de la cave à la toiture, servir
de combustible. — Pour arrêter cette destruction, le général de la
Mariouse est obligé, aussi bien, d'informer sa brigade qu'il fera sur-
veiller les propriétés par la prévôté et qu'il rendra, au besoin, les
officiers des compagnies responsables des dégradations faites par leurs
hommes.

Puis les vivres diminuent d'un jour à l'autre. Non seulement le
pain est détestable, fait de matières innommables, mais on parle d'un
nouveau rationnement. Les hommes en viennent aux mains pour
avoir de la graisse à fusil, lorsqu'on en distribue ; et ils la convoitent
non pour l'entretien des armes, mais pour l'assaisonnement de leurs
maigres ragoûts, en particulier pour la tripe de cheval, qui augmente
parfois la mince ration d'un supplément inattendu, quoique peu appé-
tissant.

Dès le 30 décembre, pour empêcher que les hommes quittent le
camp et aillent coucher à la plâtrière de Bobigny ou dans des maisons isolées, en dehors de tout contrôle, le lieutenant-colonel Rincheval avait dû prescrire d'ailleurs que les vivres fussent distribués et
consommés par escouade. — « Les chefs de bataillon, ordonnait-il,
veilleront de la manière la plus stricte à ce qu'il ne soit délivré aucune
ration individuelle ; tout homme qui ne sera pas présent à l'escouade,
sera rigoureusement privé de vivres. »

Et pendant que les troupes encombrent Pantin, le bombardement continue son œuvre avec acharnement. Les quartiers de la rive gauche de la Seine sont écrasés de feux. La Sorbonne, le Luxembourg, Saint-Sulpice, la Pitié, le Val-de-Grâce sont criblés d'obus. Mais cette canonnade effroyable, à laquelle nos forts et nos batteries ripostent avec vigueur, ne cause relativement que des dégâts de peu de gravité. Et elle n'a, je le répète, nul effet moral sur la population; dans les rues et sur les boulevards, les Parisiens, affairés ou curieux, vont, viennent, se groupent et discourent, sans manifester plus qu'à l'ordinaire leur inquiétude d'esprit, sans paraître se préoccuper même de la rage furieuse avec laquelle les Allemands assaillent la capitale.

Quand le 3e bataillon, les jours précédents, était parti en grand'garde à Bobigny, chaque compagnie avait laissé dans son logement, sous la surveillance d'un premier soldat, huit hommes désignés parmi ceux que le docteur exemptait de service. Depuis peu, au 60e régiment, on avait nommé en effet un premier soldat par escouade, et les soixante-quatre hommes sciemment choisis dans chaque bataillon eussent formé, au besoin, une compagnie d'élite, aussi solide sans nul doute que les compagnies de francs-tireurs qui existaient dans certains régiments de mobiles. Le modeste galon rouge, cousu sur l'avant-bras, constitua, au surplus, un titre d'honneur très recherché, et les premiers soldats secondèrent efficacement les caporaux dans leurs escouades.

Cependant des bruits de sortie circulent dans la troupe et font revenir un grand nombre de convalescents, désireux de prendre part à la bataille qui s'annonce. Les officiers, sur l'ordre qui leur est donné, s'attachent dans leurs sections respectives plus particulièrement aux soins de propreté; ils font le contrôle du linge, de l'habillement et de l'équipement. La vérification est d'autant plus utile que bien des fourniments sont incomplets. Les hommes qui ont passé par les hôpitaux, et surtout par les ambulances privées, rentrent souvent au corps sans avoir retrouvé, après guérison, leurs sacs ou leurs effets; à peine ont-ils pu remettre la main sur un fusil : il en est même qui ont perdu leur armement. Et il faut pourvoir au moins ceux-là des objets les plus indispensables.

Le 17 janvier, on apprend enfin, au rapport, que le régiment doit partir le lendemain, pour une destination qui n'est pas précisée. Évidemment, la sortie dont on parle est décidée. Aussi bien, on remet à chacun quatre-vingt-dix cartouches et on distribue des vivres pour cinq jours. La charge est lourde, et elle fait le désespoir de la plupart des hommes, qui trouvent embarrassant un tel approvisionnement et qui, de plus, maigrement rationnés, vont avoir l'imprévoyance peut-être d'épuiser trop tôt la nourriture qu'il leur faut emporter.

En prévision de l'attaque qui se prépare, les arrêts du commandant Blot sont levés; et quand le capitaine Brincard, qui l'a provisoirement remplacé, vient lui apporter son épée, le vaillant officier, en proie à une émotion profonde, la reçoit les larmes aux yeux et ne peut se retenir de la baiser avec ardeur.

V

A Buzenval.

L'ordre du général de division Faron, lu aux troupes le 17 janvier, donne des instructions précises. Une partie du corps de la réserve, composé de la brigade de la Mariouse (35ᵉ et 42ᵉ de ligne, 60ᵉ régiment de mobiles), et de la brigade Lespiau (121ᵉ et 122ᵉ de ligne, compagnies de francs-tireurs), devra s'embarquer le lendemain, à sept heures du soir, à la station de Belleville-Ceinture pour se rendre à la station de Courbevoie. Les troupes, en arrivant, s'établiront en colonnes par brigade, parallèlement à la route qui va de Courbevoie à Bezons, la gauche au pied de la station. Les hommes disponibles seuls partiront; les indisponibles resteront dans les emplacements occupés pour garder, avec un détachement de gendarmerie, les ballots et les bagages, que les corps auront la faculté d'envoyer au parc de Pantin et devront faire expédier par leurs vaguemestres. L'embarquement sur le chemin de fer se fera dans l'ordre de bataille; chaque commandant de brigade donnera à ses chefs de corps les ordres nécessaires pour que les troupes arrivent à la gare de Belleville à l'heure indiquée. Il est entendu, enfin, que les vivres seront emportés jusqu'au 22 inclusivement.

Le 18 janvier, — pendant qu'au château de Versailles, le roi de Prusse est proclamé empereur d'Allemagne, aux acclamations de tous les princes confédérés, — le 60ᵉ régiment quitte donc Pantin. On doit partir après la soupe; et à cinq heures, comme il est prescrit, les clairons sonnent et, rangés sur la place de l'Église, les bataillons se mettent en marche. Mais à peine a-t-on fait quelques centaines de mètres qu'il faut s'arrêter : toute la division est en mouvement, et l'encombrement est tel que la colonne ne peut avancer qu'après des haltes fréquentes et prolongées.

L'infanterie de ligne passe la première; et quand défile le 42e, réduit à huit cents hommes environ, on ne peut s'empêcher d'admirer l'allure belle et fière de ce régiment si particulièrement éprouvé.

Il dégèle depuis quelques jours, et pendant les arrêts, si longtemps qu'ils durent, on patauge dans une boue épaisse, avec défense expresse de former les faisceaux. Pour aller ainsi de Pantin aux fortifications et de là à la station de Belleville, on ne met pas moins de six heures.

Par une ironie cruelle des événements, c'est par la « rue d'Allemagne » qu'on entre dans Paris. Mais on n'y pénètre point sans parlementer avec les gardes nationaux, qui ne perdent aucune occasion, par leurs exigences méticuleuses, leurs interrogatoires inquisitoriaux, de témoigner à l'égard des troupes régulières une sorte de suspicion absurde et blessante.

A onze heures enfin, le train dans lequel s'est entassé le bataillon s'ébranle lourdement, et les mobiles qui, depuis leur départ de Pontoise, le 15 septembre, n'ont pas usé de ce mode de locomotion, ne sont pas sans éprouver quelque satisfaction de leur transport par chemin de fer.

Vers minuit, on stoppe à Courbevoie. La station est plongée dans une obscurité complète; on descend pêle-mêle, on se bouscule, on trébuche le long du talus à pente rapide; les compagnies se confondent, et ce n'est pas sans peine que les officiers respectivement parviennent à les rallier.

Le régiment est dirigé ensuite sur Charlebourg où, après maints détours, on fait halte, sous la pluie, dans un grand terrain vague : c'est là qu'en faisceaux sont assemblés les fusils et déposés les sacs. Ordre est donné de ne pas s'éloigner et de n'allumer aucun feu, si ce n'est derrière la voie du chemin de fer de Versailles. Les rangs rompus, on cherche pourtant à se caser dans les maisons voisines, où sont cantonnés depuis longtemps les mobiles du 5e bataillon de Seine-et-Oise (Poissy et Saint-Germain), sous les ordres du commandant de d'Aucourt. Ceux-ci accueillent, du reste, leurs camarades avec le plus cordial empressement. Mais, en dépit de la fatigue, il n'est guère possible de dormir : la nuit est fort avancée, et le départ est fixé à six heures du matin.

Le 19 janvier, comme pour répondre aux « hourra » dont la Galerie des Glaces, à Versailles, avait retenti la veille, c'est à la fois la bataille de Buzenval et celle de Saint-Quentin, — les convulsions dernières de l'armée de Paris et de l'armée du Nord.

Les gardes nationaux — ceux du moins qui chantaient en tous lieux la *Marseillaise* et qu'on appelait les « sang impur », qui réclamaient à cor et à cri la sortie en masse, qui prêchaient avec exaltation la lutte « à outrance », — désiraient vivement, depuis longtemps, se mesurer eux-mêmes avec les Prussiens. Ils n'avaient figuré que pour la forme, le 21 décembre, dans les nombreuses réserves du Bourget. Mais il se trouvait chez eux beaucoup d'hommes de cœur à qui cette démonstration passive ne suffisait pas. Animés du plus louable patriotisme, ayant le sentiment juste de l'honneur et du devoir, il leur semblait qu'avant de négocier et de capituler, le Gouvernement leur devait de les conduire au feu, de les mettre en face de l'ennemi, d'utiliser leur bon vouloir pour un suprême effort.

Sans se faire illusion sur le résultat de cette tentative, le général Trochu s'y résigne enfin et se charge lui-même de diriger l'opération dans la direction de Buzenval, avec Versailles pour objectif.

Dans la nuit du 18 au 19, 90 000 hommes de la garnison de Paris, — dont 42.000 gardes nationaux et 48 000 soldats des troupes de ligne et de la mobile, — se massent au pied du Mont-Valérien, divisés en trois colonnes. Vinoy commande l'aile gauche, Ducrot la droite, Carrey de Bellemare le centre.

A sept heures du matin, dès que le canon du fort donne le signal, comme il a été convenu, le général Vinoy met sa colonne en mouvement et, d'un vigoureux élan, s'empare de la redoute de Montretout, des premières maisons même de Saint-Cloud. Mais les routes encombrées, les terrains détrempés empêchent son artillerie d'avancer et de prêter appui aux attaques de l'infanterie.

De son côté, le général de Bellemare enlève avec ses troupes le château et le parc de Buzenval, pousse jusqu'à l'entrée de Garches, et prend pied sur le plateau de la Bergerie. Les Allemands sont refoulés sur Villeneuve-l'Étang, vers la grille d'Orléans, et à deux heures du soir, nos tirailleurs sont maîtres de la position.

Par malheur, à droite, le général Ducrot, débouchant de Rueil, n'a pu entrer en ligne qu'à dix heures du matin. Sa colonne, après un combat sanglant, a repoussé l'ennemi du parc de la Malmaison; mais c'est en vain qu'elle s'épuise ensuite en assauts meurtriers contre le mur de Longboyau, qui lui barre l'accès du plateau.

Il est maintenant impossible d'avancer. Cependant les retours offensifs des Allemands, renforcés de nombreux bataillons et d'une artillerie considérable, à laquelle nos canons embourbés ne peuvent répondre, ne parviennent pas, à gauche et au centre, à nous ébranler d'une façon apparente. Quand, à la nuit tombante, devant l'état de désorganisation de ses troupes et la confusion extrême qui, par endroits, les fait tirer sur elles-mêmes, le général Trochu doit ordonner la retraite, la redoute de Montretout est encore en nos mains. Mais lorsqu'on l'abandonne, c'est pour se ruer dans une déroute effroyable, dans une débandade lamentable, où nos colonnes, éperdues, affolées, en proie à l'épouvante, se heurtent, se culbutent et s'écrasent au milieu des ténèbres.

La journée nous coûte plus de 4000 hommes, dont 1300 tués environ, — et parmi ceux-ci, le peintre Henri Regnault, l'explorateur Gustave Lambert, le colonel de Rochebrune, le jeune acteur Didier Seveste, de la Comédie-Française, le vieux marquis de Coriolis, volontaire de 67 ans. L'ennemi, qui est resté toujours à couvert, n'a que 600 hommes hors de combat.

.·.

Le 60ᵉ régiment de mobiles ne remplit, ce jour-là, qu'un rôle très secondaire. Dès six heures, le général de la Mariouse, enveloppé d'une vaste houppelande, fait presser le départ par son aide de camp. Mais les officiers, réunis autour des faisceaux, attendent leurs hommes. Ceux-ci, qui n'ont rien mangé depuis la veille et se sont à peine reposés, tiennent à prendre quelque nourriture : il en manque la moitié à l'appel, et le lieutenant de chaque compagnie est chargé de rallier les absents et de les faire suivre.

La route de Courbevoie à Nanterre, sur laquelle on s'engage, est absolument encombrée, et à peu de distance de Charlebourg, on est forcé de faire halte, ce qui permet aux retardataires de reprendre leur place. Assis dans les fossés, les hommes profitent de cet arrêt pour préparer le café : bien que le général Faron ait défendu d'allumer des feux, le lieutenant-colonel Rincheval ne pense pas, en effet, que la fumée légère de quelques copeaux puisse être aperçue de l'ennemi, posté à deux lieues de là.

Cependant de nombreux gardes nationaux, commandés par le colonel de Rochebrune, défilent à travers champs. Leur passage donne

DESPREZ
Fourrier de la 8ᵉ.

DE SERAINCOURT
Capitaine de la 8ᵉ (2ᵉ).

HAMOT
Lieutenant de la 8ᵉ (2ᵉ).

lieu même à un incident plaisant. Ils traînent quantité de voitures et de bagages, entre autres un omnibus rempli de pains qui excitent la convoitise des mobiles. Et tandis que, parmi ces derniers, les uns détournent l'attention des mobilisés qui conduisent le véhicule, les

DELACOUR
Sous-Lieutenant de la 8ᵉ (2ᵉ).

SARAZIN
Sergent-Major de la 8ᵉ (2ᵉ).

A. CHARPENTIER
Adjudant (2ᵉ).

autres s'emparent avec habileté du chargement et le font disparaître pour le partager ensuite.

A onze heures seulement, le régiment reprend sa marche, par le flanc, dans un chemin étroit, et défile devant le général Faron, tranquillement assis sous un pont du chemin de fer. Lentement, avec de nombreux arrêts, on avance sur Nanterre, où quelques francs-tireurs, désarmés pour cause d'indiscipline, sont aux fenêtres et regardent passer la colonne d'un air narquois. A la sortie de cette ville, on tourne à gauche, dans les champs, pour se former par divisions derrière la caserne de Rueil, où l'on attend de nouveaux ordres. Bientôt après, dans Rueil même, où se croisent en tous sens les voitures d'ambulance et les équipages d'artillerie, le régiment monte une longue rue, que des brancardiers redescendent, emportant sur des civières ou des cacolets de nombreux blessés. — Et comme si ce spectacle, qui inspire une pitié profonde, n'indiquait pas suffisamment qu'on se rapproche du champ de bataille, les obus allemands font une bruyante apparition et plusieurs viennent éclater tout près.

A ce moment, l'ordre « couchez-vous ! » ayant été crié par les officiers, beaucoup d'hommes pensent qu'on va donner immédiatement et chargent avec précipitation leurs fusils. Mais ils font mal cette opération, ne la complètent pas selon les règles, et il est heureux que dans les rangs aucun accident ne s'ensuive.

Dans la rue obstruée, on ne peut, sur le trottoir de droite, se mouvoir qu'avec peine ; la chaussée est occupée par l'artillerie, à gauche se fait l'évacuation des morts et des blessés. Ces derniers, des gardes nationaux pour la plupart, gémissent ou râlent selon la gravité de leur cas. Les uns ont les yeux hagards, les bras étendus ; les autres, des plaies béantes, des membres fracassés. Un sergent-major, qui se dresse sanglant sur la civière, crie d'une voix égarée : « Camarades, tout n'est pas perdu ! En avant, vive la France ! » — Ceux qui ne sont pas grièvement atteints, jettent aux mobiles des mots d'espoir : « Courage, les enfants, ça va bien ! » — L'un d'eux est soutenu par un garde qui, de sa main libre, porte un lièvre magnifique : c'est une victime aussi de la fusillade sans doute, mais, par ce temps de siège, le gibier est trop rare pour le laisser sur le terrain.

A l'extrémité de la rue, on sort enfin de Rueil et l'on débouche dans la plaine, où, de toutes parts, les armes font rage. On est assourdi à la fois par la crépitation ininterrompue des fusils, les détonations violentes du canon, les crachements stridents de la mitrailleuse, que les soldats appellent, d'une façon pittoresque, le « moulin à café ». Hors de la ville, le régiment oblique à gauche, à travers les vignes, et se range en bataille sur un petit plateau, près de la ferme de la Fouilleuse, autour de laquelle pleuvent les obus. Une batterie de campagne se trouve là, mais elle est muette : les servants ont dû déserter les pièces pour se dissimuler sous des arbres fruitiers ou dans de profonds sillons. En face, derrière un vallon de peu d'étendue, s'étagent des hauteurs entièrement boisées dont l'ennemi occupe le sommet, et de ce point, il crible nos artilleurs de ses coups.

Français et Prussiens se fusillent là d'ailleurs, tantôt avec tiédeur, le plus souvent avec acharnement, sans qu'on aperçoive les combattants, perdus dans la futaie, — sans qu'on ne sache rien non plus de quelques fuyards qui vont abriter leur panique dans un endroit moins dangereux.

Immobile, en ligne déployée, le 60ᵉ régiment, à ce moment critique, fait bonne contenance; les hommes témoignent de résolution et de virilité; les visages sont impassibles, les regards assurés. Au 5ᵉ bataillon, le commandant Blot, qui se souvient d'Inkermann, leur donne l'exemple de sa fière attitude et de son imperturbable sang-froid.

Descendus de la crête du plateau et arrêtés sur la pente du vallon, les mobiles, vers quatre heures, exécutent un changement de position et sont dirigés sur un angle du parc de Buzenval. Ils avancent en ordre, mais péniblement, dans une boue gluante, se frayant un passage à travers les échalas des vignes. Et, quand déjà le jour baisse, ils s'arrêtent près de ce parc, au pied du coteau que nos troupes n'ont pu enlever.

Embusqués derrière un mur crénelé, fortifiés comme ils l'étaient à Champigny dans les parcs de Villiers et de Cœuilly, les Allemands ont ici résisté à tous les assauts. L'artillerie, malheureusement, ne peut appuyer l'effort énergique de nos soldats : les attelages affaiblis sont impuissants à la sortir des chemins défoncés où elle est embourbée.

Le régiment, massé en colonnes serrées, attend, sous les obus, le moment de participer à l'action. Des balles égarées viennent tomber dans les rangs, y jeter quelque trouble et tuer raide un homme du 2ᵉ bataillon. le garde Dumont; un autre, Vavasseur, est blessé à la jambe gauche.

Cependant l'ordre est donné de pénétrer dans le parc, alors que la fusillade redouble d'intensité ; au fur et à mesure que l'on avance, les balles, de plus en plus drues, sifflent aux oreilles et frôlent de près les képis. Les Prussiens, qui ont reçu de continuels renforts, profitent de leur force numérique et de la position dominante qu'ils occupent pour tenter, dans une offensive vigoureuse, de refouler définitivement nos troupes. Mais, comme le 60ᵉ, tous les régiments français en réserve se sont ébranlés, et ce mouvement imposant fait hésiter l'ennemi.

Du reste, la nuit vient rapidement; les coups de feu, dès que le crépuscule disparaît, se ralentissent de part et d'autre, et bientôt après, dans l'obscurité, le combat est enfin rompu.

Il est six heures. Maintenant des blessés passent, des gardes nationaux débandés descendent du coteau et se replient sur Rueil. Des soldats du génie qui, dans la journée, s'étaient inutilement dévoués pour ouvrir des brèches dans l'un des murs du parc, y entrent à présent pour enterrer les morts ; la triste tâche qu'ils vont accomplir semble leur donner dans l'ombre une apparence fantastique, un air lugubre et mystérieux ; leurs pelles et leurs pioches, à la lueur des feux qui ont été allumés çà et là, projettent des reflets sinistres.

Le 1er bataillon des mobiles de Seine-et-Oise garde la partie du parc qui est restée entre nos mains. Le 2e et le 3e forment les faisceaux le long du mur de clôture et bivouaquent là dans un océan boueux. Non loin d'eux s'installent les francs-tireurs de la division.

La propriété de Buzenval, où l'action a été si chaude, ne paraît pas cependant avoir énormément souffert. Le château extérieurement n'est que peu endommagé ; les grands arbres n'ont pas eu leur ramure ravagée par les obus ; les allées ne portent que les traces d'un sol battu et piétiné ; la pièce d'eau, gelée encore par endroits, laisse voir sur la glace quelques taches de sang. Les écuries, vastes et propres, sont intactes, et dans les boxes, garnies de paille, se reposent harassés des mobiles du Loiret. Fortement engagés dans la journée, ces derniers ont fait des pertes sérieuses ; leur retraite, commencée déjà, est masquée par de nombreux francs-tireurs de la ligne qui, embusqués dans le parc, continuent de brûler des cartouches avec ardeur.

Vers onze heures, la fusillade redevient vive. Français et Prussiens se tiraillent d'une allée à l'autre, presque à bout portant ; les feux de peloton de l'ennemi répondent aux coups isolés de nos soldats, et les balles pleuvent autour des écuries, où quelques hommes sont encore blessés. Une trentaine, malgré leurs supplications, doivent être forcément abandonnés dans une étable, quand on quitte le parc.

A minuit, après les mobiles du Loiret, les bataillons de Seine-et-Oise, laissant seuls les francs-tireurs couvrir la retraite, se replient à leur tour et évacuent Buzenval. On leur dit, pour toute indication, de partir sur l'heure et de regagner leurs campements « à la hâte ». Mais nul ne sait où l'on va. Côte à côte avec les débris des 35e et 42e de ligne, le 136e de marche et les mobiles de Seine-et-Marne, on traverse en pataugeant les terrains qui s'étendent vers Rueil, dont les abords sont jonchés de soldats endormis sur le sol fangeux, à demi drapés dans leurs couvertures, comme des morts incomplétement enveloppés d'un linceul.

Fantassins, zouaves, artilleurs, mobiles, gardes nationaux, toutes les troupes se confondent, se heurtent, se cherchent, s'appellent dans la nuit noire. Les compagnies, les bataillons, les régiments sont totalement disjoints ; on ne se reconnaît plus, et la colonne, comme un troupeau, tourbillonne dans un désordre affreux, dans un pêle-mêle sans nom. Un certain nombre d'hommes ont perdu leurs souliers et marchent les pieds endoloris dans la boue où l'on s'enlize.

La rue principale de Rueil ne peut suffire au flot humain qui s'y engouffre, et l'on traverse la ville en s'écrasant littéralement contre les murs. A la sortie, des officiers d'état-major pressent le mouvement, au milieu des bivouacs de la ligne et des mobilisés, des équipages d'artillerie embourbés qui barrent le chemin. On passe où l'on peut, en se dirigeant sur Nanterre, avec d'innombrables temps d'arrêt, pendant lesquels on s'assied sur la terre détrempée, heureux si pour s'étendre on dispose d'un tas de cailloux. On se tient à peine debout et l'on sommeille en marchant, se choquant les uns contre les autres. Le commandant Blot, qui encourage ses soldats et fait appel à leur énergie, ne peut lui-même se retenir par instants de dormir sur son cheval. Et quand, en sursaut, il rouvre les yeux : « Le sommeil m'entraîne, s'écrie-t-il avec un juron. Pourvu que je ne me laisse pas tomber !... »

De plus en plus la colonne se désagrège, et de petits groupes se forment qui cherchent isolément à regagner leurs campements. Le lieutenant Lahure, qui a perdu la trace du bataillon, s'arrête un moment, avec quelques hommes de sa compagnie, à un poste de gardes nationaux du corps de Rochebrune, où se trouve une cantinière. Ils se font servir du punch ou du café ; mais à peine l'ont-ils absorbé que, pour éviter une collision, il leur faut quitter précipitamment la place devant l'arrivée d'une troupe de mobilisés, qui crient haut à la trahison contre les soldats de la ligne, la garde mobile, les officiers de l'armée régulière.

Partout on heurte des blessés, des traînards éclopés, brisés de fatigue, qui, étendus dans la fange, n'ont plus la force de se relever et qui réclament en vain du secours. Et sur la voie, où l'encombrement est indescriptible, l'artillerie continue d'obstruer tout passage : deux colonnes d'une interminable longueur, allant en sens opposé, se sont enchevêtrées l'une dans l'autre et n'ont pu se tirer de cette situation inextricable. Tout y dort, bêtes et gens, — les conducteurs affaissés sur le cou de leurs chevaux. Un général de brigade se morfond là depuis huit heures du soir, attendant des ordres, et il s'inquiète de savoir où est le général Vinoy. Personne, assurément, ne peut le renseigner. Mais le bruit de la troupe, les vociférations des soldats arrêtés par la file de voitures, réveillent les hommes des équipages qui, à coups de fouet répétés, font sortir de l'ornière des affûts ou des caissons; et dans l'espace devenu libre, la cohue se précipite et s'écrase, mais franchit néanmoins ce mauvais pas.

On se rallie, on reprend la marche, de plus en plus pénible, et il est près de quatre heures quand on atteint le rond-point de Courbevoie. Il faut encore du temps pour retrouver Charlebourg, car aucun des guides de la colonne n'a une connaissance topographique exacte du lieu. On arrive enfin au bivouac de la veille; tout le monde est exténué, et, les faisceaux formés, chaque mobile, la tête appuyée sur son sac, s'appesantit d'un lourd sommeil. Bien que, depuis le départ de Pantin, on n'ait pu se restaurer que d'un biscuit et d'une tasse de café, l'accablement est tel qu'on ne songe même pas à préparer la soupe.

. .

Toute la matinée, des hommes arrivent, isolément ou par petits groupes. Beaucoup ont passé la nuit dans les champs, errant à l'aventure, contournant plusieurs fois le Mont-Valérien, ne se dépêtrant qu'avec difficulté de la boue profonde des sillons. Entre camarades, on se retrouve, on se réunit, on se raconte les péripéties de la retraite, on discute sur les causes de la déroute.

Vers deux heures, le bataillon, complété par les détachements qui l'ont rejoint, va prendre possession des logements qu'il doit occuper dans le quartier même. Chaque compagnie s'installe de son mieux; les maisons sont en partie abandonnées, plus ou moins confortables. Mais cantonnés, en somme, dans des conditions suffisantes de commodité, les hommes vont pouvoir goûter ici quelques jours de répit. Un ordre formel leur recommande de ne pas détériorer les habitations, ni de couper les arbres des jardins pour faire du feu. Dès ce premier soir, chacun dîne rapidement du peu qui reste des vivres emportés, et s'empresse de s'étendre sur le parquet : bien des mobiles ne dormiront jamais plus profondément qu'ils ne l'ont fait cette nuit-là.

Le 21 janvier, on se repose sur toute la ligne, on lit les rapports officiels de la journée du 19. Mais que peuvent-ils apprendre qu'on ne sache déjà? Il en a été de cette sortie comme de toutes celles qui l'ont précédée. L'affaire, commencée sous d'heureux auspices, n'a pas eu le résultat qu'on espérait. Surpris le matin par la soudaineté de l'entreprise et l'élan irrésistible de nos troupes, l'ennemi, vers la fin du jour, a fait converger sur nous ses masses d'artillerie avec ses réserves d'infanterie, et nos colonnes ont dû se retirer des hauteurs qu'elles avaient gravies. Si nos pertes sont sérieuses, du moins convient-il de rendre justice à nos soldats de toutes armes, qui ont montré dans l'action autant de solidité que de patriotique ardeur.

Consignés sans rigueur, n'étant astreints à aucun service, les hommes jouissent à Charlebourg d'une certaine liberté. Cinq gardes de la 8e compagnie, profitant de cette inaction et se fiant à l'armistice annoncé, ont l'idée fâcheuse de vouloir traverser les lignes prussiennes pour aller, à Pontoise ou aux environs, passer quelques heures dans leur famille, dont ils n'ont pas de nouvelles depuis quatre mois. Partis sans armes, ils se dirigent vers les bords de la Seine, ne comprenant rien au langage d'un mobile breton qu'ils rencontrent et qui leur signale le danger de s'aventurer plus loin. Mais, arrivés au pont d'Argenteuil, ils doivent rétrograder précipitamment : un poste ennemi, installé dans le pavillon du receveur de ce pont à péage, les assaille à coups de feu, et les balles, de tous côtés, sifflent autour d'eux. Par malheur, en fuyant, le garde Subtil est atteint gravement : quinze jours plus tard, il mourait de sa blessure à l'hôpital Beaujon, où il avait été transporté.

Le 22, on apprend qu'une nouvelle insurrection vient d'éclater dans Paris et d'ensanglanter la place de l'Hôtel de Ville. Pendant la nuit, des émeutiers ont ouvert les portes de la prison de Mazas, mis en liberté quelques prévenus politiques, et installé leur quartier à la mairie de Belleville. Ils en sont chassés par des compagnies de gardes nationaux. Mais tout n'est pas terminé : dans la journée, des communistes en nombre débouchent devant l'Hôtel de Ville, tirent sur des officiers de mobiles et blessent grièvement l'un d'eux. Les mobiles, à leur tour, font feu sur les insurgés et ne tardent pas à les mettre en fuite, leur tuant plusieurs hommes et en blessant une vingtaine.

D'ailleurs, après l'insuccès de Buzenval, — cette sortie sur laquelle reposait l'espoir suprême des Parisiens, — il était difficile au général Trochu de conserver son commandement. L'opinion publique, plus

que jamais enfiévrée, le rendait injustement responsable de ce désastreux échec. Tout en gardant la présidence du Gouvernement, il dut donc donner sa démission de gouverneur, et le général Vinoy fut nommé commandant en chef de l'armée de Paris. — Celui-ci, du reste, par ses mesures énergiques, réprimait vite cette émeute d'un moment, provoquée par des agitateurs qui, devant l'imminence de la reddition, ne cherchaient, comme au 31 octobre, qu'à s'emparer du pouvoir.

Cependant les bruits d'armistice circulent d'un jour à l'autre avec plus de consistance. Une proclamation du général Vinoy ne cache pas que la situation est compromise, qu'il ne faut plus se faire d'illusions, que le moment critique est malheureusement arrivé. De toutes parts les troupes rentrent dans Paris, et le 24 janvier les mobiles de Seine-et-Oise quittent, à leur tour, les cantonnements de Courbevoie.

Le régiment, en bon ordre et en silence, suit l'avenue de Neuilly, souvent arrêté par le long défilé de l'artillerie et du génie. Le brouillard est intense, et l'Arc de Triomphe, près duquel on passe, est à peine aperçu dans l'opacité de la brume. Après une halte le long du parc Monceau, la marche continue jusqu'au boulevard des Batignolles, où des baraques établies là sont mises à la disposition de chaque bataillon. On ne s'y installe, croit-on, que pour en repartir bientôt; mais le séjour s'y prolonge jusqu'au 6 mars.

Dès le lendemain, les hommes sont invités à se tenir en garde contre des individus suspects, qui chercheraient à leur acheter des cartouches ou les provoqueraient à la désertion. L'esprit du quartier, au surplus, ne semble pas très sympathique aux mobiles, aux « ruraux », comme on les appelle, que les femmes elles-mêmes invectivent sans raison et traitent déjà, avant le fait accompli, de « capitulards ». Aussi bien, le 27, après une longue et minutieuse revue de l'intendant militaire, passée sous un froid très vif, tout le monde est-il consigné dans la crainte de quelque nouvelle échauffourée des « sang impur » exaltés.

Il n'en est rien. Et, d'autre part, le 28, à minuit, le dernier obus allemand tombe derrière le Panthéon. Ce jour-là, en effet, pendant que, tranquillement, on fait aux hommes une théorie sur le montage, le démontage et l'entretien des armes, et qu'il est dit, au rapport, que le régiment devra fournir, toutes les vingt-quatre heures, une garde de police de soixante hommes, le bombardement cesse.

Les négociations, commencées depuis le 23, viennent d'aboutir à la capitulation de Paris, — qui a épuisé presque totalement son pain noir et fétide, — et à la conclusion d'un armistice de vingt et un jours. L'armée est prisonnière dans la ville et toutes les troupes sont désarmées, à l'exception d'une division de 12 000 hommes et de 5500 gendarmes, chargés du maintien de l'ordre. Les gardes nationaux conservent leurs armes : c'est un hommage, prétend-on, rendu à leur esprit patriotique, mais c'est, en tout cas, une imprudente mesure qui va permettre aux partis révolutionnaires, aux émeutiers du 31 octobre et du 22 janvier, de préparer la guerre civile, d'arborer le drapeau rouge et de proclamer la Commune, le 18 mars.

Le lendemain, 29 janvier, les Allemands prennent possession des forts extérieurs de la capitale. On leur livre 2000 canons de place et de campagne, 180 000 fusils. — Et, si Paris ne verse pas au vainqueur le milliard que Bismarck avait l'outrecuidance de réclamer tout d'abord d'une ville aussi puissante et aussi riche, elle est punie de sa longue résistance et de son héroïque énergie par une contribution de guerre de deux cents millions...

Janvier s'achève ainsi dans la douleur. Mais l'armée reste calme et digne dans sa résignation. Les soldats ne récriminent pas et n'accusent que l'inexorable fatalité, qui, depuis le commencement des hostilités, a frappé la France sans miséricorde. Ils ont conscience d'avoir rempli virilement leur devoir, et ils ne doutent pas que le pays ne rende justice aux efforts qu'ils ont faits pour lui conserver au moins l'honneur. Les amertumes de l'heure présente ne peuvent-elles être d'ailleurs, quand le temps du souvenir aura succédé à celui de la désolation, adoucies par les espérances irréductibles de l'avenir?

Le 30, on commente vivement dans la troupe les détails de la capitulation. Pendant la durée de l'armistice, l'armée allemande ne doit pas entrer dans Paris, et l'on veut croire, sans trop y compter, que l'orgueil de la victoire ne donnera point à l'ennemi la tentation d'y pénétrer, quand seront conclus les préliminaires de paix. Mais la sécurité n'est guère affermie, dans l'esprit des citoyens honnêtes, par l'article de la convention qui laisse ses armes à la garde nationale et la charge de maintenir l'ordre dans la capitale..

Ceux qui n'ont point oublié notre histoire se remémorent en ce jour des faits que leur suggèrent les termes choisis pour le service des reconnaissances. Le mot d'ordre, en effet, est *Foy*, qui rappelle le député libéral, si chaleureux et si populaire, de la Restauration, le général vaillant qui couvrit la retraite de l'armée d'Espagne en 1814 et fut blessé à Waterloo. — Le mot de ralliement est *Fontenoy*, et la pensée se reporte à l'époque où le maréchal de Saxe battait les Anglais et les Autrichiens, en 1745, et où la courtoisie chevaleresque des Français, par la voix du comte d'Auteroche, se révélait dans cette phrase typique : « Après vous, messieurs les Anglais ; nous ne tirons jamais les premiers ! »

Tout autre, on le constatait, devait être, au dix-neuvième siècle, le code de la civilité entre nations belligérantes. Le maréchal de Moltke n'avait certes point élevé les officiers teutons dans la tradition des formules de politesse employées jadis par l'armée britannique ; et pour nos troupiers, abandonnés de la fortune, le moment n'était guère opportun, en vérité, de prendre pour exemple le désintéressement intempestif des gardes françaises de l'ancien régime.

8ᵉ COMPAGNIE (5ᵉ)

J. GAUTILLOT   Th. PRÉVOST
D'HÉRICOURT   J. PONSIN
LALY   A. DUMONTIER   DESPREZ

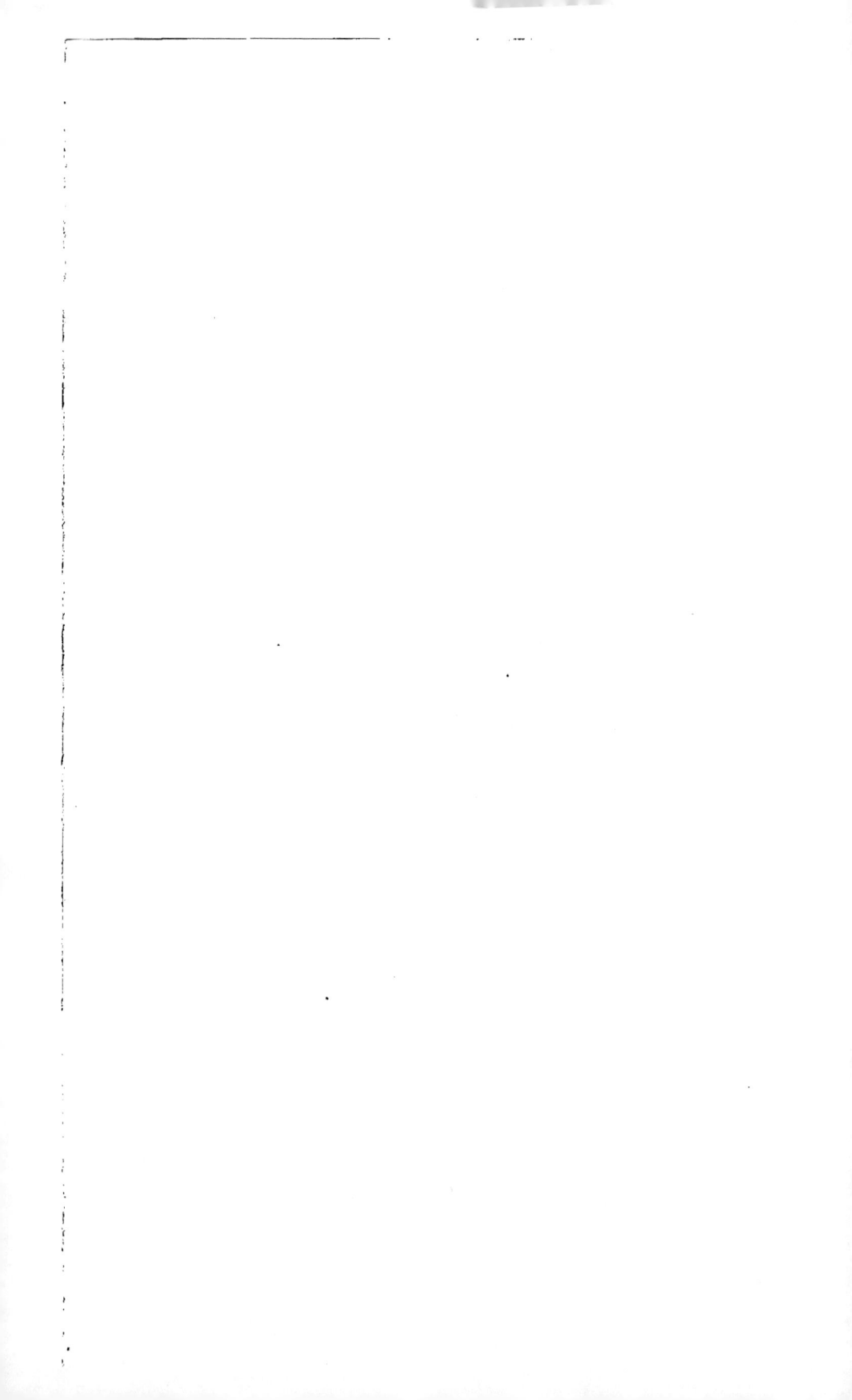

VI

Après la Capitulation.

Les jours qui suivent sont mornes et tristes. Paris ne se ravitaille que lentement et l'ordinaire de la troupe ne se ressent guère encore des approvisionnements qu'on y introduit. Le temps s'est radouci et l'on ne frissonne plus sous la bise. Mais on est prisonnier de guerre, il est défendu de quitter la ville, et, sous les baraques des Batignolles, où règne une humidité malsaine, où l'air et la lumière pénètrent à peine, les hommes se morfondent dans l'attente et le désœuvrement.

Aussi bien, à partir du 6 février, le 5ᵉ bataillon — comme le régiment tout entier, — cesse d'exister en tant que force armée, car le matin de ce jour-là les fusils et les munitions sont remis à des artilleurs, sans contrôle sérieux, dans un hôtel particulier inoccupé.

Pauvres fusils, qu'on avait tant de fois maniés, frottés, astiqués, que les averses et la neige avaient si souvent lavés, et dont les crosses, quand étaient formés les faisceaux, avaient depuis de si longs jours résonné sur le sol durci ou plongé dans la boue noire de toute la banlieue parisienne, — avec quel serrement de cœur on les déposa pour être livrés à l'ennemi ! Le soldat sans arme, c'est un aveugle sans bâton. — Et combien est piteuse la mine de ces troupiers qui reviennent en désordre, la tête basse, les bras ballants, ayant perdu leur dernière illusion, et qui désormais, jusqu'au licenciement, vont être en proie à l'oisiveté, au découragement et à l'ennui !

Sans doute, rendre les fusils, c'est pour eux l'annonce du prochain retour dans la famille ; c'est la perspective de quitter bientôt Paris, où la population du quartier, témoignant de son mépris aux défenseurs venus de la province, les abreuve journellement d'outrages et de quolibets injurieux. Mais cependant, quels regrets poignants n'éprouvent-ils pas d'être désarmés sans qu'ait été vraiment efficace pour sa délivrance tout ce qu'ils avaient apporté à la Patrie, — jeunesse enthousiaste, ardeur vibrante, résolution virile, dévouement prêt à tous les sacrifices !..

Le lendemain, on continue de dépouiller les hommes du ceinturon, de la giberne, du porte-sabre baïonnette, des bretelles de fusil ; on ne leur laisse que l'habillement et le campement. Les officiers mêmes doivent rendre les couvertures supplémentaires, et l'intendance refuse impitoyablement de remplacer les pantalons en lambeaux que portent un grand nombre de mobiles.

Les gardes qui ont de la famille à Paris ne sont pas obligés d'ailleurs de coucher au quartier, tout en restant assujettis à l'appel journalier de midi, où certains se présentent sans être en tenue complète d'ordonnance. Ceux qui en font la demande sont autorisés également à travailler en ville, à la condition de se conformer aux règlements sur le service intérieur, c'est-à-dire de verser cinq francs par mois à l'ordinaire de leur compagnie. Quoique sans armes, le poste de police subsiste et fournit des plantons pour empêcher la dégradation des baraques et des cuisines.

Le 8, ce sont les élections législatives. Dans chaque bataillon est constitué, sous la présidence du commandant, un bureau électoral formé d'un capitaine, d'un sergent-major, d'un caporal et d'un des plus anciens mobiles. Ce bureau, pour le 5ᵉ bataillon, siège au collège Rollin. Il s'agit de procéder à la nomination au scrutin de liste des onze députés qui doivent représenter le département de Seine-et-Oise : mais beaucoup d'électeurs ne le peuvent faire judicieusement, les candidats qui sollicitent leurs suffrages étant inconnus de la plupart d'entre eux. On vote cependant, pour l'accomplissement du devoir civique, et l'on fait des vœux pour que l'Assemblée qui va sortir des urnes puisse, en sauvegardant l'honneur, mettre un terme aux malheurs immérités de la Patrie.

Le *Journal officiel*, ce même jour, publie une longue liste de décorations. La garde nationale de Paris y figure largement : quinze cents croix et médailles environ lui sont décernées, surtout à l'occasion de Buzenval. Mais la garde mobile s'y trouve beaucoup moins favorisée, et le 60ᵉ régiment ne participe aux récompenses accordées que dans une mesure parcimonieuse. Toutefois, le lieutenant-colonel Rincheval est promu officier de la Légion d'honneur, un commandant et un capitaine sont nommés chevaliers, quelques sous-officiers, — entre autres le sergent Ledoux, du 3ᵉ bataillon, — reçoivent la médaille militaire.

Quoi qu'il en soit du trop petit nombre de ces décorations, elles font diversion aux pensées attristantes qu'inspire la situation; et elles sont d'autant mieux accueillies qu'elles consacrent justement le dévouement et la résignation dont le régiment a fait preuve pendant toutes les misères de la campagne.

Le bataillon maintenant se disloque et s'atrophie dans la plus complète inertie : c'est l'agonie d'une organisation à laquelle officiers et mobiles avaient apporté tout le bon vouloir, l'entrain et l'activité patriotique dont ils étaient si ardemment animés.

Grâce au temps devenu très clément, l'état sanitaire s'est considérablement amélioré. La nourriture aussi est plus fortifiante; mais les estomacs fatigués par les privations réclament des ménagements, et le garde Sellier, de la 3ᵉ compagnie, meurt étouffé à la suite d'un repas pris avec ses parents, qui étaient venus à Paris avec des vivres.

Bien qu'il soit interdit de sortir de la ville, beaucoup d'hommes à présent ont la nostalgie du foyer et s'en vont irrégulièrement dans leur famille. Laissant à Paris leur uniforme, ils endossent une blouse ou un veston et partent sans permission, pour ne reparaître qu'au bout de quelques jours. Les chefs parlent bien de punir, de considérer ceux-là comme déserteurs, de formuler une demande en cassation des sous-officiers et caporaux qui donnent eux-mêmes ce fâcheux exemple; mais ce sont de vagues menaces que personne n'applique : on préfère, devant cette discipline relâchée, user d'indulgence et fermer les yeux. Le service d'ailleurs ne consiste plus qu'en corvées diverses : à défaut de voitures pour charrier le bois et les vivres, il faut notamment aller chaque jour aux lieux de distribution chercher l'approvisionnement nécessaire.

Cependant, l'Assemblée nationale s'est réunie à Bordeaux. Le 17 février, elle nomme M. Thiers chef du pouvoir exécutif, et, le 26, les préliminaires de paix sont signés à Versailles : les Prussiens, on l'apprend, doivent entrer à Paris le 1ᵉʳ mars.

A cette nouvelle, une cohue d'émeutiers, qui déjà préparent la Commune et sans mystère en organisent l'armement, s'emparent, sous l'œil complaisant des artilleurs de la garde nationale, des canons parqués sur la place Wagram, sous prétexte de les soustraire à l'ennemi. — Et, le 28, les mobiles attristés, muets et indignés, voient passer sur le boulevard des Batignolles le long défilé de cette foule séditieuse et bruyante, qui, armée de fusils, entoure les pièces et les pousse vers Montmartre.

Mais ce même jour, à l'appel de midi, leur esprit est détourné de ce spectacle alarmant par la lecture de l'ordre qu'adresse au 60ᵉ régiment le lieutenant-colonel Rincheval, à l'occasion de l'entrée des Allemands dans la capitale. Les termes en sont nobles dans leur sincérité d'affliction et ils impressionnent vivement les hommes.

« Après avoir subi l'épreuve si douloureuse de remettre nos armes à l'ennemi, j'ai cru, dit cet officier supérieur, qu'il nous serait donné de rentrer dans nos foyers sans autre humiliation.

« Je me suis trompé ; une autre épreuve, plus douloureuse encore, — l'entrée de l'armée victorieuse dans Paris, — nous était réservée.

« Cette épreuve, si pénible qu'elle soit, nous devons la subir, puisqu'elle nous est imposée par la loi du plus fort. En face de cette dure et triste nécessité, il nous reste un devoir à accomplir : vous n'y faillirez pas.

« Ce devoir, c'est de nous abstenir d'une manière absolue de paraître sur le passage de l'armée prussienne, et de ne prendre part en aucune façon aux manifestations qui pourraient se produire.

« La dignité froide et calme convient seule au malheur : vous saurez l'observer. »

Cette recommandation expresse de leur chef, les mobiles de Seine-et-Oise l'observent strictement en effet, le lendemain 1ᵉʳ mars, par la correction de leur attitude, par leur éloignement de tout tumulte et de toute manifestation.

Au reste, bien que, par une dernière ironie de la fortune, le temps soit splendide, l'entrée du corps ennemi, par Saint-Cloud et Neuilly, vers onze heures du matin, n'a rien de glorieux et n'est certes pas de nature à ternir l'éclat de la date — que l'histoire n'oublie pas — du 27 octobre 1806, où, quatorze jours après l'ouverture de la campagne d'Iéna, Napoléon prenait triomphalement possession de Berlin.

Thiers y avait consenti pour nous conserver Belfort, qui résistait encore au moment des négociations et que Denfert-Rochereau ne livrait à Treskow, sur l'ordre du Gouvernement, que le 18 février. Mais les 30 000 Allemands qui, après une revue passée à Longchamps dans la matinée par l'empereur Guillaume lui-même, pénètrent dans l'avenue des Champs-Élysées et la suivent jusqu'à la place de la Concorde, y restent parqués et comme honteux, devant les Tuileries, pendant quarante-huit heures seulement. Autour d'eux, c'est le vide, la solitude, le désert ; dans les rues adjacentes, barrées par des postes de gardes nationaux pour éviter tout conflit, c'est le grondement de la foule, la surexcitation du peuple, les sursauts de colère de Paris, où les magasins sont fermés, où les journaux ne paraissent pas en signe de deuil...

Le 2 mars, la nouvelle se répand que les préliminaires de paix ont été ratifiés à Bordeaux, et l'on rend grâce à l'Assemblée nationale qui, par la promptitude de cet acte, met fin au séjour des Prussiens dans la capitale, et allège ainsi pour nous la dernière humiliation. — Et, le 3, en se réveillant, Paris apprend effectivement, avec une indicible satisfaction, que les soldats allemands ont quitté dès l'aurore, presque nuitamment, le quartier qu'ils occupaient et où pesait sur eux, par la proximité de l'avenue, le cauchemar de la Grande Armée.

Le soir, les becs de gaz sont allumés dans la ville, où depuis cinq mois les rues n'étaient plus éclairées. C'est la renaissance, après une période barbare, de l'existence policée du Parisien : la civilisation reprend enfin ses droits.

*
* *

Le 4 mars, l'ordre parvient aux mobiles du 60e régiment de rentrer dans leurs foyers. Le départ des trois bataillons doit avoir lieu le surlendemain.

Les hommes présents rendent, par conséquent, dans la journée du dimanche 5, les quelques objets qu'ils possèdent encore, toiles de tente, couvertures, bidons et marmites, tout ce qui, en un mot, constitue le campement. Mais on n'en compte guère qu'une soixantaine environ par compagnie, car beaucoup, je l'ai dit, sous divers costumes, font la navette presque journellement entre le boulevard des Batignolles et leur village.

A ce moment d'ailleurs, le régiment, fort de 3200 hommes au mois de novembre, pendant les grand' gardes de Montrouge, n'en accuse plus, d'après les effectifs, que 2400. Si le feu n'y a causé que de rares accidents, la petite vérole, les bronchites, la dysenterie y ont exercé de déplorables ravages.

Le 6 mars, à dix heures du matin, pour la dernière fois le clairon sonne l'assemblée, et le lieutenant-colonel Rincheval passe devant le front de toutes les compagnies, alignées sur le boulevard des Batignolles. Autour des baraques, nombre de chiffonniers sont accourus pour se disputer les débris qu'on y laisse.

Ce n'est point sans émotion qu'on attend l'ordre du départ. Les circonstances ont fait naître entre les officiers des liens de camaraderie et d'affection qui ne se peuvent rompre sans regrets; et il en coûte aux chefs également de se séparer des jeunes sergents qui leur ont prêté un concours si actif et si empressé, et de tous les mobiles, de ces braves garçons dont ils ont apprécié l'entrain et l'endurance, l'esprit d'abnégation et de sacrifice. D'un rang à l'autre, les mains se tendent et se serrent fraternellement; des adieux touchants s'échangent de toutes parts, et personne ne se défend de laisser voir sous les cils une larme d'attendrissement.

Puis, malgré la joie qu'on éprouve de regagner le foyer domestique, on ne s'éloigne pas de Paris sans de sombres préoccupations. L'insurrection y est ouvertement fomentée; les perturbateurs communistes qui, par leurs séditions, ont, à plusieurs reprises, entravé la défense pendant le siège, y préparent maintenant la plus horrible des guerres civiles. Chacun prévoit qu'à bref délai va se déchaîner toute la violence des passions révolutionnaires, et que, sous les yeux de l'ennemi, une lutte fratricide va ensanglanter les rues de la capitale... Mais au moins, les mobiles du 60e régiment, soucieux de la dignité et de l'honneur du pays, peuvent-ils, eux, retourner dans leurs campagnes avec la conscience du devoir patriotiquement accompli.

A onze heures, le signal est donné, et les trois bataillons simultanément se mettent en marche : le premier va sur Étampes, le deuxième sur Mantes, le troisième sur Pontoise.

Ce qui reste de ce dernier bataillon, renforcé de quelques hommes du canton de Marines appartenant au deuxième, les uns en vêtements civils, les autres en uniforme, se dirige sur Saint-Denis, où la première rencontre avec les Prussiens fait éprouver l'impression la plus désagréable. On prend ensuite la route de Pontoise, où l'on arrive dans la soirée, après une halte à Sannois.

Pendant le trajet, sous les rayons d'un soleil déjà printanier, la dislocation de la colonne se fait par petits groupes. Au fur et à mesure que se déroule l'étape, les mobiles quittent les rangs et s'égrènent, selon que l'itinéraire suivi offre à ceux-ci ou à ceux-là un chemin ou un sentier qui, à travers la plaine, les rapproche davantage de leur domicile. Lorsque la troupe atteint Pontoise, elle ne compte plus qu'une centaine d'hommes, sous la conduite du lieutenant Rousselle, du 3e bataillon, et du sous-lieutenant Delacour, du 2e.

La ville est occupée par les Allemands, qui sortent de leurs postes, à l'entrée du pont comme dans la rue de Gisors, pour présenter les armes au passage de ce petit nombre de soldats français.

Rendons justice à cette correction militaire ; car bien des fois, le long de la route, les mobiles ont dû crisper les poings et étouffer un cri de colère en défilant devant des Prussiens qui, vêtus pour la plupart de vestes en toile blanche, comme les vachers suisses employés dans les fermes de la région, les regardaient d'un air hautain et narquois. Bien des fois ils ont dû retenir des pleurs de rage d'avoir été vaincus par ces Teutons, lourds et maussades, qui ont réduit Paris par la famine, sans donner l'assaut à aucun fort, sans prendre même la moindre cahute...

La campagne est maintenant terminée : on se sépare définitivement, avec le souvenir des épreuves supportées en commun et l'espoir de se retrouver en des temps meilleurs. Le 5e bataillon, si vivant pendant sept mois, n'existe plus ; les deux autres se sont également dispersés : le 60e régiment des mobiles de Seine-et-Oise a vécu.

Chacun rentre dans ses foyers, heureux certes de revoir sa famille, mais le cœur navré des désastres de la Patrie, des ruines que l'invasion a partout accumulées...

VII

Après la Guerre.

La guerre était finie. Elle avait été marquée pour nous par les plus effroyables catastrophes. Elle laissait derrière elle des misères et des deuils sans nombre. La France, victime de calamités inouïes, gisait sanglante et inanimée, ayant du moins, dans le naufrage de sa réputation glorieuse, conservé intacts son honneur et sa loyauté.

Elle devait, du reste, en dépit de ceux qui, se réjouissant de nos épouvantables désastres, la déclaraient à jamais déchue, tirer profit de la dure leçon qu'elle avait reçue. Dans la coupe de douleurs qu'elle avait épuisée, dans son abaissement et son humiliation momentanés, elle retrouvait bientôt le secret même de sa force et de sa puissance, régénérées et épurées par le malheur. De ses cendres encore fumantes ne tardait pas à poindre l'aube de sa renaissante splendeur. Par son immense crédit, par sa volonté opiniâtre, par l'effort incessant de son travail matériel et intellectuel, par les ressources inépuisables de son sol et de son génie, l'avenir lui réservait de reprendre rang parmi les grandes nations, de ressaisir le sceptre du monde civilisé.

Mais tous ceux qui avaient rempli un rôle dans cet horrible drame ont gardé le souvenir vivace des spectacles lugubres dont ils furent témoins, des scènes tragiques auxquelles ils assistèrent. Ils n'ont rien oublié des cadavres amoncelés dans les sillons, des blessés rougissant la neige de leur sang, des malades agonisant sur la terre glacée, des villes bombardées et pillées, des hameaux ravagés et incendiés.

Avec le temps, les esprits se sont calmés, les colères se sont apaisées. Mais la vision des champs de bataille de 1870 ne s'est point effacée de la mémoire des combattants. Plus les ans s'écoulaient, et mieux les faits de cette époque leur apparaissaient même nets et précis, dans leur sombre tristesse et leur réalité navrante. — Et c'est pour revivre, en quelque sorte, les jours néfastes d'alors, pour raviver en leur cœur des impressions douloureuses, mais qui leur sont chères, pour se rappeler réciproquement les souffrances passées, les infortunes de la Patrie, et se fortifier l'âme d'un irréductible espoir, que les soldats de l'Année terrible se sont groupés, depuis longtemps déjà, en des associations amicales scellées par les liens de leur ancienne confraternité d'armes.

La garde mobile ne survécut pas à la guerre. Comme force militaire, elle existe légalement jusqu'au 31 décembre 1872 ; mais elle est alors définitivement dissoute, et les hommes qui la composent sont dispersés dans les différents corps d'armée, comme réservistes et territoriaux.

Elle avait servi la Patrie sans défaillance et largement payé sa dette dans la défense du territoire.

Le 60e régiment, en particulier, bien qu'il n'eût pris part à aucun engagement sérieux, fut très éprouvé, nous l'avons vu, par cette dure campagne de sept mois. Le nombre a été considérable des mobiles qui, les premières années surtout, succombèrent dans leur famille à la suite du siège de Paris.

Au fur et à mesure que s'éclaircissaient leurs rangs et que les frappait un nouveau deuil, les survivants se retrouvaient autour de la tombe pour apporter au frère d'armes disparu les derniers témoignages de leur camaraderie et de leur affection. Mais ce n'est que quelque vingt ans plus tard, devenus alors des hommes mûrs, qu'ils décidèrent de se constituer en Société et de se réunir périodiquement, pour parler entre eux des mauvais jours d'autrefois, des misères endurées en commun, des grand'gardes de Montrouge et de Bobigny, où, les pieds dans la neige et l'estomac presque vide, ils n'avaient comme réconfort que la fougue de leur jeunesse, — les plus âgés ne dépassant pas vingt-cinq ou vingt-six ans, — et la verve légendaire du troupier français...

.˙.

Le 3e bataillon a donné l'exemple, bientôt suivi par les deux autres : il a fait sa première réunion en 1895, et, depuis lors, chaque année, au mois de novembre, une centaine de vieux camarades se rassemblent autour de la même table.

BRINCARD
Président.

ROUSSELLE
Vice-Président.

HAMOT
Vice-Président.

DESPREZ
Secrétaire-Trésorier.

8

La Société. régulièrement formée en 1896, s'est appelée l'*Union fraternelle des Anciens Mobiles et Combattants de 1870-1871 de l'arrondissement de Pontoise.*

Elle a pour but, d'après le principal article de ses statuts, « de rap-
procher et de réunir, le plus souvent possible, des hommes qui ont
accompli le même devoir en présence de l'étranger ; de les faire assister en corps aux manifestations patriotiques destinées à perpétuer le
souvenir de cette malheureuse époque et à rappeler aux générations
quels devoirs elle nous a légués ; de les grouper à l'occasion des ob-
sèques d'un ancien combattant, pour donner à ces solennités une
grande portée d'enseignement et prouver quelle solidarité unit jusqu'à
la mort des hommes dévoués à la Patrie ; et enfin, en temps de
guerre, de venir, dans la mesure de ses ressources, en aide aux familles des militaires sous les drapeaux ».

Cette Société, qu'unit véritablement la Fraternité, ne réclame de ses
adhérents qu'une minime cotisation. Elle a pris pour président l'ancien capitaine adjudant-major du bataillon, M. Brincard ; pour vice-
présidents, l'ancien lieutenant de la 5e compagnie, M. Rousselle, et
l'ancien sous-lieutenant Delacour, du 2e bataillon, remplacé, après son
décès, par le lieutenant Hamot. Elle a enfin, pour secrétaire-trésorier,
l'ancien sergent-fourrier de la 8e compagnie, M. Desprez, qui en a été
le principal initiateur et qui en est resté l'âme dévouée.

Elle comptait, en 1906, 146 membres, dont 110 mobiles du 5e bataillon, 13 autres combattants de 1870-1871, et 23 mobiles du 2e bataillon,
ceux-ci pour la plupart du canton de Marines qui, quoique de l'arrondissement de Pontoise, avaient formé, on le sait, les 7e et 8e compagnies
de ce dernier bataillon, de l'arrondissement de Mantes.

Depuis sa fondation, l'*Union fraternelle* a perdu malheureusement
déjà 34 sociétaires, que les anciens camarades ont pieusement con-
duits au champ du repos, et auxquels ils ont adressé avec émotion le
suprême adieu.

Grâce à l'heureuse idée qu'ont eue, vers la fin du siège, certains
officiers et sous-officiers de se faire photographier, il nous est permis
de reproduire aujourd'hui leurs traits, — quelques-uns, sous la tenue
civile, — et de montrer, par un groupe de sergents et caporaux de la
8e compagnie, quel était l'uniforme de la mobile en 1870.

Nous donnons également les contrôles, qui ont été reconstitués le plus exactement possible, mais non pas sans difficultés, les noms étant souvent orthographiés d'une manière différente sur les documents concernant la même compagnie. L'ordre alphabétique a dû être suivi lorsque les renseignements faisaient défaut pour diviser ces contrôles par escouades.

A la suite figure le fac-similé d'une feuille de situation et d'un tableau du service journalier.

Quant aux ordres généraux, aux ordres du jour de la subdivision ou du régiment, aux rapports du bataillon, nous avons intercalé ou analysé dans le récit même tous ceux qu'il était intéressant de rappeler.

Il nous reste le regret de ne pouvoir présenter, dans un de leurs défilés ou de leurs concerts, les musiciens du 3ᵉ bataillon. Mais leur souvenir ne se perd pas, et il demeure intimement associé à celui des clairons : c'est en effet par le refrain que, pendant le siège, ont fait entendre si souvent ces derniers, — et qu'un zouave quelque peu poète improvisa jadis en l'honneur du maréchal Bugeaud, — que se terminent gaiement, chaque année, les réunions amicales des Anciens Mobiles de l'arrondissement de Pontoise : « *As-tu vu la casquette, la casquette?* »

C'est une nouvelle preuve, dira-t-on peut-être, que tout en France finit par des chansons. Mais les vieilles chansons de marche de nos troupiers ne peignent point, celles-là, la légèreté de caractère ni le tempérament frivole dont nous gratifient les étrangers : en rattachant le présent au passé, elles rajeunissent les cœurs et, les animant de confiance et d'espoir, projettent une lueur rayonnante sur les destinées mystérieuses de l'avenir...

FIN

60ᵉ RÉGIMENT DE GARDE MOBILE

Lieutenant-Colonel : **RINCHEVAL** Désiré ✳ ✳.

5ᵉ BATAILLON

Chef de Bataillon : Blot Louis, O. ✳ ✳ ✳.

Adjudant-Major : Sueur Charles-Louis, ✳, Capitaine.

(Après le départ du Capitaine Sueur, en décembre 1870, Brincard, Capitaine de la 1ʳᵉ Compagnie, a fait fonctions d'Adjudant-Major, tout en conservant le commandement de sa Compagnie.)

Trésorier-Payeur : Legru Hector, Lieut. — Sergent-comptable : Mervoyer.

Aides-Majors : Eury et Ponroy. — Caporal brancardier : Macaire.

Adjudant : Grenthe Louis.

(Précédemment : Pernot; Fontaine.)

Chef de Musique : Poiret. — Vaguemestre : Destors, Sergent.

Convoyeur : Eudeline. — Cantinière : Mme Bertèche.

Refrain du Bataillon : *As-tu vu la casquette?...*

1ʳᵉ COMPAGNIE

Capitaine : Brincard Ernest, ✳ ✳.

Lieutenant : Héomet Léon, ✳. — Sous-Lieutenant : Voisin Albert.

Sergent-Major : Berneval Auguste. — Sergent-Fourrier : Vincent aîné.

Sergents : Devouges Henri; Parizon; Vincent Gustave et Picard.

Caporaux : Leroi; Guy Camille; Lacroix; Mancel Jules; Duvillard;

Bimont Honoré; Herzog; Badé et Queyriaux.

LISTE DES GARDES PAR ORDRE ALPHABÉTIQUE

Adde.	Bœuf.	Bourgeois.	Daunou.
Ancourt.	Bimont Jules.	Boursier.	Delaunay.
Antheaume.	Bleu Alexandre.	Boutagnon Augustin.	Deneux André.
Auzoux.	Bleu Laurent.	Boutagnon Louis.	Deneux François.
Barbier.	Blond.	Charpentier Jules.	Desjardin.
Batardy Édouard.	Boby.	Charpentier Louis.	Devouges Auguste.
Batardy Éléonore.	Bombard Auguste.	Chatenay.	Dhnitte.
Beaudot.	Bombard Eugène.	Chimot.	Dobhelaère.
Bénard Eugène.	Bombré.	Cornu.	Drudde.
Bénard Louis.	Bonnard.	Cottin.	Duflos.
Bénard Pierre-Ed.	Bonneau.	Coudert.	Dumont.
Berger.	Bouillette.	Crouzet.	Dugardin.
Bethmont.	Boulanger.	Dacheux.	Duparque.

Duru.	Halbant.	Martin Louis.	Renault Octave.
Dusautoy.	Hamelin.	Mazier.	Richard.
Dutheil.	Hanot Adrien.	Merceris Emile.	Rigault.
Dutrou.	Hanot Armand.	Merceris Eugène.	Robillard.
Duval.	Hiaume.	Mégret.	Roger.
Eudeline.	Hingre.	Meslier.	Roland.
Faivre.	Humbert.	Meslin.	Rouzée.
Fayaud.	Jolivet.	Meunier.	Saget.
Fert.	Lacroix.	Mignon.	Sarrouy.
Floquet.	Laurent Charles.	Morand.	Sautreau.
Fouché.	Laurent Louis.	Moreau Anthime.	Sauvage.
Fournier.	Lavergne.	Moreau Clément.	Schuller.
Frémont.	Leblond.	Nangot.	Sommade.
Frénoix.	Legrand.	Nizard.	Souhart.
Gaché.	Lemaire.	Palisson.	Tabary.
Gautier.	Loquertier.	Parent.	Tardu.
Gilles.	Lethuillier.	Péelle.	Tellier.
Godard.	Leturque.	Pépin.	Troussu.
Goubard.	Levasseur.	Petit.	Valtas.
Gouffé.	Loint.	Pierre François.	Varlet.
Goujon.	Louvet.	Pinard.	Vasseur.
Govin.	Maître.	Porlier.	Vangon.
Guéno.	Malingre.	Pultier.	Verrier.
Guy Ferdinand.	Mancet Eugène.	Renault Gustave.	Violas.

2ᵉ COMPAGNIE

Capitaine : Cabuzet Louis-Antoine.

Lieutenant : Ruffin Marie-Charles-Alfred. — Sous-Lieut⁺ : Grégoire Eugène.

(De la Marnierre, précédemment Sous-Lieutenant à cette Compagnie, a été nommé Lieutenant à la 6ᵉ Compagnie, le 10 janvier 1871.)

Sergent-Major : Frapart Albert. — Sergent-Fourrier : Maillard Étienne.

Sergents : Destors ; Bienné ; Tétard et Ledoux.

Caporaux : Frapart Hilaire ; Frotier ; Charbonnier ; Vaché ; Blanc ; Boullerot ; Mignot et Laurent.

LISTE DES GARDES PAR ORDRE ALPHABÉTIQUE

Adouard.	Bonnevie.	Chrétien.	Drujon Camille.
Alexandre Charles.	Boulardet.	Clergé.	Drujon Julien-Alex.
Alexandre Eug.-Fr.	Bourgamier.	Cologne.	Drujon René.
Alexandre J.-B.-H.	Bourgeois Adolphe.	Corbin	Dubois.
Alexandre Paul-Louis.	Bourgeois Louis-Alex.	Couton.	Dupuis.
André.	Boutin.	Daniel.	Epin.
Aubras.	Boutrou.	Danton.	Fauque.
Barbier.	Brachard.	David.	Fortin.
Bard.	Bruneaut.	Delabre.	Foucault.
Beaucerf.	Caux Ch.-Hector.	Dênos Louis.	Fourcault.
Bernard.	Caux Edouard.	Dênos Victor.	Gacogne.
Bernier.	Chalochet.	Destoret.	Gelhard.
Bertêche.	Charpentier.	Dindin.	Gérard.
Berthe.	Chéron.	Doublet.	Gillet.
Billon.	Chevalier.	Douet.	Girard.
Bonneau.	Chibout.	Driancourt.	Gireault.

Gogibus.
Goguet.
Grognet.
Guéret.
Guérin.
Guétrelle.
Guillaumé.
Guilleminault J.-P.-D.
Guilleminault Jules.
Guilleminault Prosp.
Guyard.
Houlette.
Hubert.
Jacob.
Jacquet.
Jacquin.
Jamin.
Kratz.
Lafosse.
Lamotte.
Landais.

Lapersonne, clairon.
Larcheron.
Laurent Bte-Louis.
Laurent Charles-Henri.
Lebeau.
Ledieu.
Ledouble.
Legrand.
Lemoine Emile-Eug.
Lemoine Toussaint-D.
Linais.
Louis Victor.
Lutton.
Luvie.
Magdelain.
Maigret.
Maillard.
Mandrière.
Mansienne.
Marlé.
Marlin.

Martienne.
Martin Emile-Arthur.
Martin Louis-Alex.
Monet.
Monvoisin.
Moreau Lucien-Plac.
Moreau Paul-René.
Nampon.
Naulin.
Parent.
Parzy.
Perret Léon.
Perret François-And.
Petit.
Picard.
Pognot.
Potelet.
Quériaux.
Ratier, clairon.
Receveur.
Rémond.

Renault.
Robin.
Roger.
Rolle.
Rousselet.
Sallé.
Saunier.
Sellier.
Sergent Jules-Aug.
Sergent Louis.
Théate.
Tisserand.
Vapaille.
Varlet.
Vatellier.
Vaudenal.
Vejux.
Venet.
Viet.
Wable.

5ᵉ COMPAGNIE

Capitaine : Bertrand Jean-Baptiste.

Lieutenant : Lahure Alexis-Etienne. — Sous-Lieutenant : Loucheux Victor.

Sergent-Major : Frémont Jules. — Sergent-Fourrier : Cohat Gabriel.

Sergents : Delaly ; Fléchy ; Grégoire François et Carré Louis-Clément.

Caporaux : Carré Alexandre ; Chantraine ; Chéronnet :

Compagnon Amédée ; Compagnon Eugène ; Gavelot ; Giraud et Pinteaux.

1ʳᵉ ESCOUADE

Sellier.
Beaudoin.
Deschamps.
Vaillant
Wagner.
Bary.
Lambert Emile.
Guédé.
Bétourné.
Loetron.
Etienne.
Quentin Léon.
Saint-Aubin Victor.
Vavasseur Laurent.
Bastard.
Lecomte.
Poulet.
Cordier.

2ᵉ ESCOUADE

Guerry.
Pauayoty.

Sagot.
Vavasseur Eugène.
Devienne.
Fourdin,
Petiot.
Harreng.
Pichot.
Loitron.
Languedoc.
Hude.
Sandemont.
Grioche Moïse.
Lefèvre Edmond.
Durand.
Edé.
Lalouette.

3ᵉ ESCOUADE

Jouanelle.
Darras.
Noël.
Hilaire.
Chéronnet Noël.

Legros.
Grioche Charles.
Carré Eugène.
Quentin François.
Rose.
Bernier Augustin.
Lambert Eugène.
Fouquet.
Girolle.
Lerebourg.
Gueudé Jules.
Fontaine.
Guillaume.

4ᵉ ESCOUADE

Novion.
Gueudé Nicolas.
Bernay.
Lesieur.
Crapet.
Sentin.
Lachasse.
Girault.

Massignon.
Coudette.
Demorlaine.
Binet.
Dambly.
Deneuilly.
Lemoine.
Boufflette.
Saint-Aubin Orange.
Gauthier.

5ᵉ ESCOUADE

Dussault.
Bernier Roch.
Nautré.
Milliancourt.
Brazile.
Antheaume.
Collas.
Vaast Louis.
Neuville.
Goriot.
Brosset.

60e Régiment de Garde Nationale Mobile

Tableau du Service journalier — à la date du 15 9bre 1870

8e C ie

Jours		Observations
Lundi		
Mardi		
Mercredi		
Jeudi		
Vendredi		
Samedi		
Dimanche		

SPÉCIMEN DU TABLEAU DU SERVICE JOURNALIER AU 15 NOVEMBRE 1870.

Lœillet.
Piquery.
Boucher.
Barier.
Fauveau.
Chéron.
Courteville.
Cohat Jules.
Langlet, clairon.

6e ESCOUADE

Eluis.
Heins Henri.
Nodin.
Lavoye.
Chéronnet Louis.
Bellanger Joseph.

Leduc.
Rousseau.
Bataille Honoré.
Auvray.
Rémond Eugène.
Rousselet.
Vergne.
Petitpas.
Quidor.
Bellanger Auguste.
Rémond Clément.
Dumontier.

7e ESCOUADE

Boivin.
Fouillard.
Tétard.

Ségault Victor.
Mauger.
Leroux.
Damoy.
Lefèvre François.
Cochegru.
Marette Auguste.
Parain.
Simille.
Heins Louis.
Roger.
Bataille Eugène.
Renoux.

8e ESCOUADE

Delagroux.
Gobet.

Vaast Alfred.
Herselin.
Marette Eugène.
Bélier.
Vallée.
Deschênes.
Ségault Louis.
Dumondelle.
Dumont.
Lafontaine.
Allais Ollivier.
Bernard.
Jolly Emile.
Jennequin.
Héron.
Hervin.
Tourly.

SPÉCIMEN DE LA SITUATION DU 5 AU 4 JANVIER 1871.

(8e Compagnie) 74 présents sur 160.

4ᵉ COMPAGNIE

Capitaine : Pernot Joseph.

Lieutenant : Fontaine Louis-Léon. — Sous-Lieutenant : Franco Ernest.
(Speneux, précédemment Capitaine à cette Compagnie, a été remplacé par Pernot.)

Sergent-Major : Faucon. — Sergent-Fourrier : Malingre.

Sergents : Delbart ; Machue ; Méroyer ; Moquet.

1ʳᵉ ESCOUADE	3ᵉ ESCOUADE	5ᵉ ESCOUADE	7ᵉ ESCOUADE
Ruffin, caporal.	Gourlot, caporal.	Maton.	Charpentier, caporal.
Simon.	Pierre Victor.	Gavignot.	Sanlecque.
Dubut.	Girardet.	**5ᵉ ESCOUADE**	Daniel.
Provins.	Riché Frédéric.	Lefèvre-Thibault, cap.	Deschambres.
Vérin.	Chartier Jules.	Bougeault Prudent.	Clément Victor.
Denonain.	Guillet.	Léchopied Louis-Aug.	Lecomte Charles.
Delforges.	Léchopied Victor.	Rebert.	Ebroussard.
Janest Louis.	Mérard Achille.	Lépine François.	Bastard.
Loye.	Bracque.	Robert.	Lecomte Emile.
Leduc.	Richard.	Duru Amédée.	Duport.
Papillon.	Lemoine.	Gérin.	Pinchot.
Imbert Alfred.	Masson Philippe.	Rosé.	Dulude.
Berson.	Constantin.	Hyard.	Robquin.
Dubois.	Goujon.	Polly.	Morel.
Goux.	Dépagne Alexandre.	Compagnon Eugène.	Bert.
Dupré.	Bernard.	Cardot.	Chabot.
Legros.	Lamotte.	Mille.	Chobert.
Duberne Em., clairon.	Noël.	Mérard Victor.	Narais.
Tétard.	Dumont, clairon.	Baudry.	
		Fouard.	
2ᵉ ESCOUADE	**4ᵉ ESCOUADE**	Duru Désiré.	**8ᵉ ESCOUADE**
Riché, caporal.	Hahn, caporal.	**6ᵉ ESCOUADE**	Hennequin, caporal.
Collet Frédéric.	Masson Eloy.	Vivant, caporal.	Barré.
Bougeault Hector.	Soissons Benoist.	Desbœuf Louis.	Drujeau.
Hautemulle Noël.	Meunier Charles.-L.	Lefèvre Louis.	Fourneaux.
Chartier Alexandre.	Brulé.	Cailleux.	Delion.
Léchopied Louis.	Boivin.	Souillard.	Bougeault Victor.
Duru Arthur.	Pigeon Joseph.	Pigeon Hector.	Latré.
Dépagne Emile.	Meunier Auguste.	Desvoies.	Papelard.
Wable.	Martin.	Chiron.	Levasseur Charles.
Bardoux.	Aubert.	Rivet.	Levasseur Arthur.
Soissons Louis.	Dromard.	Hugot.	Dorléans.
Labry.	Letellier.	Letellier.	Poiret.
Dépagne Théodore.	Ferry.	Meunier Louis.	Picque.
Imbert Paul.	Raillier.	Pessin.	Quesnel.
Patrony,	Peltier.	Croix.	Mourand.
Meunier Henri.	Duberne Alfred.	Vigniard.	Bret.
Lévêque.	Labarre.	Lépine Honoré.	Compagnon Amédée.
Prunier.	Dufrénoy.	Mercery.	Janest Alfred.
Moignot.	Collet Louis.	Lantez.	Desbœuf Camille.

5ᵉ COMPAGNIE

Capitaine : Tordeux Henri-Albert.

Lieutenant : Rousselle Gustave. — Sous-Lieut. : De la Baume-Pluvinel Gontran.

Sergent-Major : Crosnier Magloire. — Sergent-Fourrier : Jacquin Paul.

Sergents : Jacquin Charles ; Morisset ; Pigny Alfred ; Schaeffer.

1ʳᵉ ESCOUADE	3ᵉ ESCOUADE	5ᵉ ESCOUADE	7ᵉ ESCOUADE
Richard, caporal.		Orange Ph., caporal.	Garpin, caporal.
Touret.	Hennocque, caporal.	Déneux.	Tréon.
Ferry.	Lévêque.	Cordier Jules.	Dérondelle Désiré.
Dubost Eugène.	Alline.	Voyer Jules.	Norwack.
Michel Louis.	Prosnier Hippolyte.	Caron.	Thévenin.
Douy André.	Mignan.	Laurent.	Ledreux.
Guéret.	Baillet.	Thiboust.	Gillet Paul.
Passet Léon.	Lescoffier.	Bonneville Alex.	Gastin.
Brochard.	Fournier Jules.	Lamort, clairon.	Massé.
Allon.	Laroche.	Douy Jules.	Landry.
Voisin Ludovic.	Jubert Tony.	Dérondelle Eugène.	Bertheuil.
Cordier Léon.	Messager.	Orget Emile.	Delagroux.
Barbe.	Passet Jules.	Jubert Henri.	Petit.
Parent.	Fessart.	Brault.	Meslin.
Voisin Désiré.	Merland.	Bontemps Auguste.	Génot.
Pocheron.	Foy.	Thillet.	Pierre Henri.
Bridault.	Dantard.	Robequin.	Gaillourdet.
Fournier Armand.	Beaulieu Alexandre.	Legros.	Douy Joseph.
Gobet.		Dubost Henri.	Delacroix.
		Fontaine.	
2ᵉ ESCOUADE	**4ᵉ ESCOUADE**	Passery.	**8ᵉ ESCOUADE**
Dubois, caporal.	Duplessis, caporal.	**6ᵉ ESCOUADE**	Houdry, caporal.
Duchesne.	Aumont.		Philippon.
Pigny Lucien.	Bonneville Victor.	Marié, caporal.	Hingre.
Pigny Albert.	Collin.	Rousselet.	Gaspard Louis.
Voisin Gabriel.	Vigeard.	Prosnier Louis.	Dubost Rouen.
Védy Hippolyte.	Dezouches.	Julienne Pierre.	Clervoy.
Quillet.	Chardonnet.	Dangneger.	Gillet Victor.
Lemaître.	Dubost Léon.	Moine.	Dimpre.
Thiboult Adolphe.	Prévost.	Blériot.	Morin.
Masselin.	Laporte.	Dutroux.	Prévost Henri.
Renaut.	Beaulieu Eugène.	Commeny.	Degast, capor.-clairon.
Hoennen.	Orange Jules.	Dauvergne.	Dufresnoy.
Soissons.	Gaurent.	Gilquin.	Gougeal.
Gaspard.	Rigault.	David.	Mouchy.
Bourresche.	Bonny.	Varnier.	Doublet Emile.
Carrier.	Damet.	Jolivet.	Auber.
Boulard.	Richardière.	Josnet.	Durand.
Bernay.	Orget Victor.	Sohier Adolphe.	Gauvain.
Pigny Alfred.		Sohier Étienne.	

6e COMPAGNIE

Capitaine : Burthe d'Annelet Charles-François.

Lieutenant : De la Marnierre Georges. — Sous-Lieut. : De Léautaud Arthur

(Luguière, précédemment Lieutenant à cette Compagnie, a été nommé Capitaine à la 7e.)

Sergent-Major : Masson. — Sergent-Fourrier : Monnet Aristide.

Sergents : Soullier; Sainville ; Chalot; Leblond.

Caporaux : Chevillard ; Carbonnier; Duval; Renou ;

Regard; Etienne ; Thoulier et Forcy.

LISTE DES GARDES PAR ORDRE ALPHABÉTIQUE

Arbor Gustave.	Daunard.	Godard Alfred.	Malard.
Arbor Louis.	Davy.	Godard Emile.	Marcel.
Arjallier.	Decouis.	Godard Jules.	Marin Alexandre.
Barbé.	Delair.	Golé.	Marin Emile.
Barrois Alfred.	Denoyers.	Golet.	Marin Jean.
Barrois Désiré.	Desouches.	Goriot Eugène.	Martin.
Bauduin.	Dior.	Goriot Octave.	Meïer.
Beaugrand Armand.	Donon.	Goutte.	Midy.
Beaugrand Louis.	Doury Emile.	Goyard Eugène.	Mion.
Belard.	Doury.	Goyard Jules.	Moreau
Bellant.	Dubost.	Grébault.	Muret.
Berthe.	Duchêne.	Gratien.	Nigot.
Bethgnies.	Duré.	Guiard.	Passery.
Boitel, clairon.	Emery Jean.	Guinier.	Peltier.
Boric.	Emery Louis.	Harley Alfred.	Plasse.
Boullerot.	Emery Philéas.	Harley Louis.	Poiret.
Bourdelle.	Fauveau Hippolyte.	Hennocque.	Rabier.
Bouresche.	Fauveau Paul.	Hoennen.	Regnouard.
Boursier.	Fauveau Victor.	Jérôme.	Renouard.
Brébant.	Ferry.	Kohl.	Rivière.
Bruneau.	Fointiat.	Lamarre.	Robion.
Bugnot.	Forget Camille.	Larivière.	Roger.
Camus.	Forget.	Léchoppier.	Salambier.
Caron.	Fréry.	Leclerc.	Tétard Adrien.
Cat.	Garnier Alexis-Aug.	Lefèvre Alfred.	Tétard Paul.
Catillon.	Garnier Auguste.-L.	Lefèvre Henri.	Tétard Martin.
Charles.	Gaudin.	Legendre.	Tétard Toussaint.
Colin.	Geoffroy.	Legros.	Tilliet.
Coquiard Désiré.	Genicis.	Leguillier.	Tuleu Alexandre.
Coquiard Prosper.	Gérard.	Lemire.	Tuleu Emile.
Coulon.	Gigot Alphonse.	Lesueur.	Vacher.
Cousin.	Gigot Auguste.	Levacher.	Viez.
Couvé.	Gillet.	Leveau.	Wallet.
Danger.	Giraudet.	Macé.	Wuillaume.
Darny.	Gire.	Magloire.	

7e COMPAGNIE

Capitaine : Luguière Adolphe, ✠ ✠ ✠ ✠ ✠.

Lieutenant : de la Brunerie A.-M. — Sous-Lieutenant : Renard V.-Ph.

(D'Uzer, capitaine à cette Compagnie, a été remplacé par Luguière, le 10 janvier 1871.)

Sergent-Major : Hugues Ernest. — Sergent-Fourrier : Millet Jacques.

Sergents : Durieux; Gossart; Hédouin et Lemesle Emile.

1re ESCOUADE

Xantier, caporal.
Cousin.
Lemoine.
Daudry.
Lointier.
Michaux.
Fournier Etienne.
Beaujean Charles.
Caffin Emile.
Floudet.
Boucher Augustin.
Ancourt.
Romaru.
Berton Joseph.
Jolly Honoré.
Lecointre.
Persida Alfred.
Eloy Ferdinand.
Dallay.

2e ESCOUADE

Castel, caporal.
Guinand.
Delphin, clairon.
Lautour Jules.
Allain.
Coquerelle.
Darras Ernest.
Claesen.
Caillé Jules.
Lesueur.
Caillotin.
Devincre.
Corbay.
Maury.
Leclair Armand.
Langlassé.
Dusseaux.
Rouhart.
Villemer.

3e ESCOUADE

Lefèbvre, caporal.
Fortier Alphonse.
Collet.
Fromentin.
Redon.
Thierry.
Mailly.
Trutey.
Floquet.
Klein.
François Joseph.
Oriot Alphonse.
Jacquin Théophile.
Delépine.
Benoist Jules.
Mandar.

4e ESCOUADE

Cartry Louis, caporal.
Beaujean Gustave.
Tuppin Paul.
Dubost.
Lignereux.
Pincebourde Jean.
Persida Anatole.
Bagnard.
Andrès.
Hugues Edmond.
Chennevière.
Frémont.
Nattier.
Fortier.
Dumont, clairon.
Fournier Frédéric.
Benard.

5e ESCOUADE

Duvivier, caporal.
Lechauguette.
Prévost.
Dupré.
Dubois.
Etienne Pierre.
Jolly Charles.
Boyenval.
Thibault.
Delamarre.
Benoist Désiré.
Lair.
Milan.
Dubac.
Youtte.
Picard.
Dubut,
Brochart.
Bernay Edmond.

6e ESCOUADE

Fortier Jh., caporal.
Leveau Victor.
Antheaume.
Trou.
Chéron.
Plantecotte.
Lecouturier.
Constant Aubert.
Mougin.
Durand.
Robillard.
Bonneville.
Jacquin Emile.
Lecointre Auguste.
Clément Henri.
Rimbert.
Guillaume.
Vaucher.

7e ESCOUADE

Ragon, caporal.
Henri Augustin.
Maître.
Laporte Eugène.
Levert Jean.
Hureaux.
Petit Jules.
Gateau.
Tremblay.
Valeran.
Cartry Victor.
Pichard.
Deboissy Théodore.
Mennessier.
Fournier Victor.
Vauvilliers.
Papillon.
Lecoin Constant.

8e ESCOUADE

Deboissy C., caporal.
Lamarre.
Coulon.
Laporte Henri.
Vézel.
Pivot.
Metz.
Potiviers.
Mathière.
Lachasse.
Partois Constant.
Louette.
Boucher Paul.
Pionnier.
Guillard.
Godard.
Monier.
Frénot.
Levert Alphonse.

8ᵉ COMPAGNIE

Capitaine : Fourchon Max, ✳ ✳.

Lieutenant : Mathière Théodule. — Sous-Lieutenant : Millet Edmond.

(Sueur Charles-Louis, nommé capitaine adjudant-major, a été remplacé
par Fourchon, précédemment lieutenant.)

Sergent-Major : Ponsin Julien. — Sergent-Fourrier : Desprez Jean-Baptiste.

Sergents : Dumontier; Laly; Prévost; Souhart Alexandre.

1ʳᵉ ESCOUADE	3ᵉ ESCOUADE	5ᵉ ESCOUADE.	7ᵉ ESCOUADE
Geoffroy, caporal.	Marchal, caporal.	Berthe Emile, caporal.	Héricourt (d'), caporal.
Lémond.	Reisch.	Groulez.	Flet.
Gogibus.	Henriquel.	Weingarten.	Flanet.
Brasseur.	Debus.	Duchesne.	Lointier Louis.
Marinet.	Roussel.	Bourdet Marie.	Poucet Ernest.
Goddé.	Gateau Jules.	Blossier.	Mathieu.
Lointier Albert.	Trou Léon.	Dalleré.	Delattre.
Dauvergne Joseph.	Guélin.	Boucher.	Moÿset.
Ollivier.	Lefuel.	Béranger.	Lointier Eugène.
Havard Alexandre.	Blot.	Hérodier.	Clément.
Mouleux.	Poucet Prosper.	Ménot.	Berthe Jules.
Havard Louis.	Dosch.	Léchaudé Alizard.	Amaury.
Massin.	Massard.	Dauvergne Plaisant.	Macaire.
Godin.	Latrompette.	Vaillot.	Cousin François.
Lefèvre, clairon.	Morard.	Treiber.	Laurain.
Collas Henri.	Pluquet.	Lœuillet.	Demézières.
Oyer.	Havard Léopold.	Bouge.	Abraham.
Bombe.	Bain.	Présidy.	Leclerc.
Poiret.	Siger.	Levasseur.	
Moreau, clairon.			
	4ᵉ ESCOUADE	6ᵉ ESCOUADE	8ᵉ ESCOUADE
2ᵉ ESCOUADE	Lemesle V., caporal.	Mercier Ch., caporal.	Gautillot, caporal.
Roger, caporal.	Barbay.	Bourdet Eugène.	Allais.
Génin.	Bourgeois.	Tempier.	Maillard.
Lardière.	Laurent.	Masson.	Tournant,
Coquet.	Fiévé.	Chantepie.	Trou Adrien.
Rouzé.	Porlier.	Leroux.	Cherdavaine.
Pelletier.	Bernardeau.	Gateau Alfred.	Lambert.
Desouche.	Davranche.	Sénéchal.	Mouchelet.
Thibault.	Barrois.	Tremblay François.	Delamotte.
Cailleux.	Privé.	Eve.	Tremblay Jules.
Hédouin.	Avronsart.	Boussin.	Mercier Jean.
Chennevière.	Weil.	Randon.	Léchaudé Amédée.
Subtil.	Bethemont.	Dérel.	Lecourbe.
Bréant.	Laly Edouard.	Krémer.	Vallet.
Fournier.	Berné.	Parage.	Souhart Eugène.
Dupont.	Marthe	St-Aubin.	Jolly Anatole.
Cléret.	Diffetot.	Lebailly.	Sachet.
Bécavin.	Dailly.	Bellière.	

2ᵉ BATAILLON

Chef de Bataillon : Fouju Julien-Charles-Jean, ✳ ⚬ ✠.

Capitaine Adjudant-Major : Montagnac Pierre, ✳ ⚬ ✳ ✳ ✳ ✳ ✳ ✳.
Trésorier-Payeur : Graux Paul-Louis, Lieut. — Médecin-Major : Drouet.
Médecin Aide-Major : Astaÿ. — Adjudant : Charpentier Adrien.

7ᵉ COMPAGNIE

Capitaine : Laffon Joseph-Martin, ✳ ✳.
Lieutenant : Cottreau Gabriel. — Sous-Lieut. : François Camille.
Sergent-Major : Danger Achille-Ernest, ⚬. — Sergent-Fourr. : Aubé Prosper.
Sergents : Giroux, Chouquet, Maître, Lecertisseur.

1ʳᵉ ESCOUADE
Magnan, caporal.
Duval.
Marais.
Parquet.
Sédille.
Pelletier.
Fillette.
Fournier Jules.
Tarlay.
Jean Joseph.
Delarue Louis.
Cuvillier Victor.
Hély.
Denos.
Gosse, clairon.

2ᵉ ESCOUADE
Pahin, caporal.
Ozanne.
André.
Durand.
Cuvillier Pierre.
Bouvier.
Cardot,
Maillet.
Theureau.
Charpentier.
Delafosse.
Verdelet Jean.
Verdelet Désiré.
Langlois.

3ᵉ ESCOUADE
Ledanseur, caporal.
Lavoisier.

Brusse.
Tremblay Hubert.
Decaux.
Aubel.
Godefroy.
Palain.
Ollivier.
Hulin.
Fournier Victor.
Bétron.
Mondart.
Lavergne.
Noël.
Tollard.

4ᵉ ESCOUADE
Combault, caporal.
Guichard.
Laslier.
Vion Léon.
François Augustin.
Gallois.
Delâtre.
Cannée.
Delarue Paul.
Labiche.
Bocquereau.
Caillet.
Rocq.
Tremblay.
Richer.
Ossent.

5ᵉ ESCOUADE
Manseau, caporal.
Jonot.

Bignet Louis.
Tison Ferdinand.
Michaux.
Eliasse.
Dejouy.
Rétourné.
Maillard Louis.
Cuvillier Pierre.
Cormiolle.
Bénard Jean-Louis.
Lesigne.
Cartry.
François Stanislas.
Duru.

6ᵉ ESCOUADE
François Pierre, cap.
Fontaine.
Devicque.
Guinard.
Asse.
Delavau.
Maingot.
Duval.
Maillard Hippolyte.
Buquet.
Piscot.
Charpentier.
Lefèvre Romain.
Lefèvre Louis.
Ravelin.

7ᵉ ESCOUADE
Petit, caporal.
Dejouy.
Subtil.

Dubois.
Vion Joseph.
Thibivillier.
Barrier.
Dardel Célestin.
Tison Joseph.
Vion Louis.
Lambert.
Dardel Prudent.
Commandeur.
Pellé.
Dussau Ernest.
Augard.
Avice.

8ᵉ ESCOUADE
Deschamps, caporal.
Desmarest.
Gerbe.
Guignet.
Lécuyer.
Bénard Louis-Léopold.
Laurent.
Delfaut.
Dussau Auguste.
Dubois.
Prunier.
Denis.
Bignet Alexandre.
Géneau.
Lemarié.
Lucas.

8ᵉ COMPAGNIE

Capitaine : De Seraincourt Albert.

Lieut. : Hamot Louis-Alex.-Henry. — Sous-Lieut. : Delacour Alexandre.
(De Beaulieu, Lieutenant à cette Compagnie, n'a pas été réélu en septembre.)

Sergent-Major : Sarazin Ambroise. — Sergent-Fourr. : Damville François.

Sergents : Rousselet ; Anguis ; Duval Clément et Deschamps.

1ʳᵉ ESCOUADE	3ᵉ ESCOUADE	5ᵉ ESCOUADE	7ᵉ ESCOUADE
Gautrain, caporal.	Laplace, caporal.	Boyer Didier, caporal.	Trigau, caporal.
Etienne, clairon.	Soulier.	Létiche, clairon.	Bradel Louis.
De Boury.	Cottard.	Lavigne Auguste.	Chéron.
Devé.	Préaux.	Murgues.	Flanet.
Lejeune.	Dechaumont Louis.	Antin.	Messent.
Cauchois Charles	Barbier.	Bossu.	Hérault.
Nicolle.	Visbecq Louis-Désiré.	Fleurier.	Rougeaux.
Leduc.	Prudhomme.	Soret.	Bradel Arsène.
Quatremain.	Lhuillier.	Desmarest.	Leronce.
Legendre.	Deschamps Gustave.	Tiessé.	Beausson.
Delacour Désiré.	Delacour Jean-Baptist.	Cagnard.	Léchauguette.
Goulet Ferdinand.	Ruffault.	Lavigne Théophile.	Jubert.
Lambert Zéphir.	Gallet Jean-Baptiste.	Palluet.	Duvivier.
Petit.	Briolay.	Roger.	Truffaut Louis-Étienne.
Labourot.	Goulet Augustin.	Laporte.	Guérin.
Cauchois Pierre.	Loddé.	Duhamel.	
2ᵉ ESCOUADE	**4ᵉ ESCOUADE**	**6ᵉ ESCOUADE**	**8ᵉ ESCOUADE**
Bultel, caporal.	Damville Edouard, caporal.	Bourgeois, caporal.	Duval Charles, caporal.
Lambert François.	Gallard.	Leseul.	Lesage.
Froment.	Havart.	Truffaut Louis-Eugène.	Gallet André.
Brunel.	Languedoc Charles.	Censier.	Hibout.
Pourfillet.	Mennecier.	Barthélemy.	Peschard.
Damerval.	Varin.	Touzet.	Descours.
Plet.	Delatouche.	Gault.	Féret.
Toupillier.	Maillard.	Renard Hippolyte.	Croisy.
Cardonnet.	Villain.	Charpentier.	Legroi.
Amaury.	Delaruelle.	Fromont.	Damville Paul.
Fiévé.	Cauchois Alphonse.	Dubail.	Visbecq Louis-Jean-B.
Lemoine.	Fleury.	Danger Léon.	Denise.
Drouard.	Renard Joseph.	Graff.	Noyer, clairon.
Vincent.	Foulon.	Boissy.	Porchon, clairon.
Dechaumont Aristide.	Gallois.	Amiot.	Noël.
Duval Charles.		Varin.	Carlin.

CARTE DES OPÉRATIONS.

9

TABLE DES MATIÈRES

TABLE DES GRAVURES

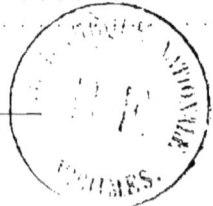

57 788. — PARIS, IMPRIMERIE GÉNÉRALE LAHURE

9, RUE DE FLEURUS, 9

www.ingramcontent.com/pod-product-compliance
Lightning Source LLC
Chambersburg PA
CBHW071811090426
42737CB00012B/2042